中国传统文化与大学生思政教育研究

张宜英 著

吉林大学出版社

图书在版编目（CIP）数据

中国传统文化与大学生思政教育研究 / 张宜英著. -- 长春：吉林大学出版社，2021.9
ISBN 978-7-5692-9792-8

Ⅰ.①中… Ⅱ.①张… Ⅲ.①中华文化—关系—大学生—思想政治教育—研究—中国 Ⅳ.① K203 ② G641

中国版本图书馆 CIP 数据核字 (2021) 第 265512 号

书　　名	中国传统文化与大学生思政教育研究

ZHONGGUO CHUANTONG WENHUA YU DAXUESHENG SIZHENG JIAOYU YANJIU

作　　者	张宜英　著
策划编辑	董贵山
责任编辑	董贵山
责任校对	张宏亮
装帧设计	王　斌
出版发行	吉林大学出版社
社　　址	长春市人民大街 4059 号
邮政编码	130021
发行电话	0431-89580028/29/21
网　　址	http://www.jlup.com.cn
电子邮箱	jldxcbs@sina.com
印　　刷	天津和萱印刷有限公司
开　　本	787mm×1092mm　1/16
印　　张	11.125
字　　数	200 千字
版　　次	2022 年 5 月　第 1 版
印　　次	2022 年 5 月　第 1 次
书　　号	ISBN 978-7-5692-9792-8
定　　价	72.00 元

版权所有　翻印必究

前　言

作为四大文明古国之一，中国有着悠久的历史，在漫长的发展过程中经历风雨却依然屹立不倒，成就了伟大而璀璨的中华文明。她是屹立在世界东方的一颗闪耀明珠，是世界共同瞻仰和学习的对象。随着全球化时代的到来，东西方文化产生了一定的交融和碰撞，在此背景下，中国传统文化呈现出独特的魅力和不可比拟的价值，对我国及其他国家政治、经济、文化的发展都具有积极的影响。

而从思想政治教育的角度切入，可以发现中国传统文化中蕴含着大量思想政治教育的素材，同时给当今高校思政教育增加了大量的文化气息和核心内容，对大学生思政教育具有重要的促进作用。所以，怎样完善和传播中华传统文化，同时依靠其为当今的高校思政教育的实施增加动力，成为我们重点思考的问题。作为高校思想政治教育工作者，要不断运用我国优秀传统文化中蕴含的教育资源，为思政教育注入新鲜血液。要深度挖掘传统文化中的积极因素，将其融入高校思政教育工作当中，从而更好地实现高校立德树人的育人目标，进而实现"三全"育人的最终目的，引导大学生承担起国家繁荣富强、民族光荣伟大的社会担当。

本书第一章为是对中国传统文化的概述，说明了文化的含义、中华传统文化的内涵以及儒、道文化的研究和发展；第二章是对大学生思政教育的概述，包括当前高校思政教育的特征与形势、高校思政课程的建设分析以及高校思政教育的内容、目标，并对高校思政教育的重要性进行说明；第三章为中国传统文化与高校思政教育的关系，说明了中国传统文化的思政教育价值、中国传统文化与思政教育的契合性以及传统文化发展对高校思政教育的影响；第四章为中国传统文化与高校思政教育的融合，分析了中国传统文化融入高校思政教育的现状、可行性、意义以及途径；第五章为将中国传统文化融入高校思政教育的实践，说明了中国传统文化融入高校思政教育的阻碍、措施以及具体实践策略。

在撰写本书的过程中，作者得到了许多专家学者的帮助和指导，参考了大量的学术文献，在此表示真诚的感谢。由于作者水平有限，书中难免会有疏漏之处，希望广大读者及时指正。

作者
2021 年 7 月

目录

第一章 中国传统文化概述 1
- 第一节 何谓文化 1
- 第二节 中国传统文化的内涵 5
- 第三节 儒道文化的研究及发展 10

第二章 大学生思政教育概述 17
- 第一节 大学生思想政治教育的特征和形势 17
- 第二节 大学生思想政治课程的建设分析 21
- 第三节 大学生思想政治教育的内容和目标 34
- 第四节 大学生思想政治教育的重要性 37

第三章 中国传统文化与高校思政教育的关系 41
- 第一节 中国传统文化的思政教育价值 41
- 第二节 中国传统文化与思政教育的契合性 49
- 第三节 传统文化发展对思政教育的影响 54

第四章 中国传统文化与高校思政教育的融合 57
- 第一节 中国传统文化融入高校思政教育的现状 58
- 第二节 中国传统文化融入高校思政教育的可行性 70
- 第三节 中国传统文化融入高校思政教育的意义 82
- 第四节 中国传统文化融入高校思政教育的途径 91

第五章　将中国传统文化融入高校思政教育的实践 ……………… 107
　　第一节　中国传统文化融入高校思政教育的阻碍 ……………… 107
　　第二节　传统文化融入高校思政教育的措施分析 ……………… 124
　　第三节　中国传统文化融入高校思政教育的实践策略 ………… 141

参考文献 ……………………………………………………………… 169

第一章　中国传统文化概述

五千年来，中华民族砥砺前行，在对自然和生活不断的探索和实践中，形成了自己独特的文化，呈现出一个又一个璀璨的文明成果。随着高校课程改革的推进，育人理念不断更新和优化，在此背景下，立德树人成为高校教育的主要目标。而要想实现这一目标，主要依托于高校思想政治课程，并且要实现中国传统文化与高校思想政治课程的有效整合。

本章为中国传统文化的概述，主要说明文化、传统文化的涵义，以及文化对人的影响；说明中国传统文化的主要内涵和特征，并对中国传统哲学思想的代表——儒家和道家的发展及学说精义进行阐述，为接下来的研究和论述做好铺垫。

第一节　何谓文化

一、文化的涵义

"文化"一词出现的时间较长。在早期，"文"与"化"所对应的含义存在相应的差异，在应用过程中也是分开对其进行使用。其中，"文"表示的是纹理的意思。在《说文解字》中对其的描述为："文，错画也，象交文。""文"实际上指的便是交错的笔画。在《周易》中对文的定义为："物相杂，故曰文。"翻译成白话文便是，不同物象交相错杂，便是"文"。在《礼记·乐记》中，则对其进行了下述界定："五色成文而不乱。"其指的是不同颜色交错在一起，并非杂乱无章而是很有规律。

自此以后，对"文"进行了诸多方面的引申。举个例子，第一，可用于表示各种象征符号，如文书、礼乐等等。《尚书序》曰："古者伏羲氏之王天下也，始画八卦，造书契，以代结绳之政，由是文籍生焉。"所表示的意思便是伏羲从其进行八卦图绘制，编制文书与契约开始，就诞生了文书典籍。此时"文"表示的便是"文书、典籍"。第二，可用于表示人为的修饰、加工等。《尚书·舜典》称："经纬天地曰文"也就是说，对天地进行装饰，实际上就是文。第三，表示美、善。郑玄注："文犹美也，善也。"①其认为文表示的便是美、善。第四，用于指代文事、文职。

《尚书》曰："王来自商，至于丰，乃偃武修文。"尽管周王是从商朝过来的，到了封地后，仍然能做到停止使用武力，修明文治。此外，条理义的"文"又用来表述自然现象的脉络组成，"天文"表示的是天气变化所对应的自然规律；"地文"指的是地理环境变化所对应的自然规律特性；"水文"则指的是江河湖泊在历史变迁中所对应的发展规律；"人文"则表示的是社会生活中所建立起来的错综复杂的人际关系，涵盖了"父与子"、"君与臣"等。

"化"，是由"匕"衍生而来。从字形结构上来看，两个人一正一反，表示变化。"化"最早所表示的就是变化、造化。《庄子》称："化而为鸟，其名为鹏。"其意是说，鲲变成了一种大鸟，这个鸟的名字就叫作鹏。《周易》说："男女构精，万物化生。"从其含义上来看，实际上是指在天地万物中，随着雌雄交配过程的进行，便产生了新的事物。此时，"化"指的就是变化。《礼记》曰："可以赞天地之化育"。其意是说，可以帮助天地化育生成万物。总之，"化"原本表示的是在两物相接的过程中，某一方在形态方面产生了相应改变，新的事物得以诞生。在此基础上，进而拥有了教化、感染。

在《周易》中，首次对"文""化"进行合并使用，如"观乎天文，以察时变；关乎人文，以化成天下。"其表示的是通过对天象变化情况进行观察，便可获知季节方面的变化情况；通过对人间条理进行观察分析，可将其用于对世人进行教化方面，进而更好地成就天下和平发展的大业。西汉刘向指出："凡武之兴，为不服也，文化不改，然后加诛。"②其含义表示的是，倘若仅仅只是借助于武力的主要手段来征服民众，只能获得表面上的服从。与之相反，如果能够借助于道德的主要手段来对民众进行教化，就能获得民众的认同感，提升民众服从性。对于那些在教化以后依然没有服从的民众，可付诸以相应刑罚，便可实现对治理效果的强化。此时，"文化"一词表示的是人文教化。由此可知，在古代对于文化

---

① 引自《尚书郑注》，（东汉）郑玄著.

② 引自《说苑》，（西汉）刘向著.

一词的使用，主要集中在精神层面，可将其视为"文治"与"教化"的集成，拥有文治教化等方面的含义。对于该词汇所赋予的现代意义，是在日本人以此词对译西洋术语的过程中产生的。在"明治维新"时期，西方学术对日本进行大量渗透，日本又在对这些资料翻译的过程中，是借助于汉语经典来进行的，进而对"文化"这一词汇赋予新的含义。其英文单词"culture"。主要是以物质生产为主，略涉精神生产，其意是通过人为努力摆脱自然状态。

在近代西学东渐时期，中国学者便将这一译法引入中国。可见，在社会发展进程中，文化所对应的含义发生了较大改变，在古意的基础上，又赋予了其新的含义。此时，"文化"表示的是人类在发展的过程中，所获得的一系列文明成果给人的教化与影响。

《现代汉语词典》第七版中，对"文化"的解释为：在人类在社会历史发展过程中，所创造的物质财富和精神财富的总和，特指精神财富，如文学、艺术、教育、科学等。"目前，学术界对于"文化"所给出的定义，可将其从狭义与广义两个层面进行区分。在广义层面上，涵盖了物质与精神两个方面。正是因为有了文化，才使得人与动物有了本质性区别，这也是人类所独有的财富。其不但涵盖了物质生产活动，同时也囊括了最终所制造出来的产品，所涉及领域极为广泛，如认知、语言、艺术领域等。此外，也涵盖了生产工具、日用器皿等器用领域；还有如制度、组织、风俗习惯等社会领域。从狭义层面上来看，则表示的是精神方面的文化。具体而言，指的便是人类生活过程中在精神方面所总结出来的思想意识、观念、习俗等内容的集成。同时，狭义层面上的文化，没有包含物质活动与产品，仅仅是针对精神活动而言，覆盖精神活动与成果两个部分。

二、传统文化的涵义

传统文化，这一概念极为广泛，可将其分为"传统"与"文化"，集成了这两个方面的内涵。其中，对于"传统"而言，又涵盖了"传"与"统"。汉语词典中，对"传"的理解为传承、传递。"统"则表示的是事物发展过程中所对应的一种连续状态。从文学层面来看，传统实际上表示的是对于那些极具特性的社会历史元素进行继承，涵盖了思想道德、艺术、风俗习惯等诸多层面。在《现代汉语词典》中，对其进行了下述解释，即：世代相传、具有特点的社会因素，如文化、道德、思想、制度等。在此基础上，就能对文化进行下述理解，"在不同历史环境下，由于制度、文化、经济等方面的差异，进而形成了一系列与之相对应的意识形态、风俗习惯，通过对其进行传承，逐步对民众生活、学习等方面产生潜移默化的影响，遍布社会生活的各个方面，进而对社会发展起到显著性作用。"

从此方面来看，可将传统文化视为在民族发展进程中，针对那些能够充分展示民族精神的元素进行传承，也是民族思想、意识形态的体现。对于我国而言，在五千年来的发展中所流传下来并获得发扬的，便是中国传统文化。从广义上说，中国传统文化说的就是中华民族在几千年的历史中流传下来的，同时又能够较好地实现对中华民族特质的有效体现，还可对中华民族精神建设产生显著性影响的文化集成。从狭义层面上来看，其指的便是在历史发展进程中，能够在精神、心理、思维、价值等方面发挥相应作用的文化，可将其视作中华民族在意识、风俗、观念等方面的集和。中国传统文化，是在历史长河中逐步形成，一点一滴积累而产生的，同时在发展的过程中进行不断完善，拥有极为丰富的内涵，它反映了中华民族独有的特质与精神风貌，展现出一种稳定并延续千年的主要思维手段和不变的价值观。在社会发展过程中，传统文化也会出现相应变化，建立在时代背景的基础上形成极具独特性的文化，这也是中国传统文化的魅力所在，对国家和社会历史的走向起着巨大的作用。

中国传统文化，所涉及的内容极为广泛，涵盖了道家、法家、儒家等学派的内容，同时也囊括了历史、医学、地理、书法等领域。中国传统文化属于历史发展的结晶，拥有极为鲜活的特性，而并非简单的陈列品。"在传统文化中，所涉及的价值理念、思维主要手段等，均是经过历史验证的，拥有极为浓郁的历史特性与遗传特性。同时涵盖了现实性和变异性的特点，能够对社会发展产生显著性影响，也给文化创新发展奠定了较好基础，使其能够在历史文化与现实环境基础上获得创新性发展。"

三、文化对人的影响

（一）文化引领思想

"文化"以春风化雨、润物无声的方式影响人的思想意识和言行举止。文化的思想引领功能突出的表现在对先进文化的认同感和自豪感上。以爱国主义为核心的民族精神和以改革创新为核心的时代精神，就是基于对我国先进文化的认同感和自豪感，进而产生强大的民族凝聚力和感召力，使我国在政治经济建设历程中，能够克服各种艰难险阻，取得丰硕的改革成果，并惠及亿万群众。因此，作为国家实力的重要支撑，应加强先进文化的思想引领作用。

(二)文化导向价值

人类在对待需要的外界物的关系中产生了价值观念,价值观念是指人们对于某一特定事物的内在价值的基本认知和评价。价值是文化的核心,价值观既是个体行为的先导,也是个体行为的动力。由于全球化、多极化的发展,使得不同文化间的相互交流、相互渗透日益加剧,对人们的价值观选择产生了重大影响。

(三)文化塑造心智

自觉意识体现在文化可以使社会个体成员充分认识自己的内在潜力,即自省;进而产生一种自觉的责任感和使命感、凝聚力和向心力,即自悟;最后通过自省自悟,以奉献社会、服务他人为宗旨,创造个体的生命价值。自信意识体现在基于个体对本土文化的充分肯定和深刻挖掘,通过吸收外来文化的优秀基因,充实传统文化内涵,以提升自身的道德修养和道德情操,从而实现个体的社会价值。自强意识体现在,将对文化的学习与个人的素质相结合,使之形成个人优秀的品德,实现完美的人性,进而促进自己勇于创新、艰苦奋斗,实现个体的人生价值。总之,亦如儒家文化所说的"学问之道无他,求其放心而已矣。"[①] 学习文化知识没有其他的目的,就是启发人的心智,实现人的全面发展。

第二节 中国传统文化的内涵

一、中国传统文化的主要内涵

中国传统文化思想内涵丰富多样,是我们国家繁荣昌盛的文化根基,也是中华儿女生生不息的不竭动力。积极汲取其思想精髓对于当代高校教育仍然具有重要的价值和深厚的影响力。因此,深入挖掘其教育资源,将其与当代素质教育相结合,有利于不断丰富高校思政教育内容,促进高校大学生身心健康发展。

(一)舍生取义的爱国情怀

爱国主义是中国梦的基石。要想实现我们中华儿女的中国梦,就必须培养学生形成强烈的爱国精神。众所周知,我国历史上众多的仁人志士,为了祖国的统一与安定,不断奋斗甚至牺牲了自己的性命。儒家思想作为我国传统文化代表性思想,强调只有不断完善自己的行为规范、提高自身修养,才能经营好自己的家庭、

[①] 引自《孟子·告子章句上》.

治理好国家，使得天下太平。不论是在战争年代，还是和平年代，都不乏一批又一批为了祖国统一安定默默奉献付出甚至在关键时刻勇于献身的中华儿女。谭嗣同被捕后，他没有选择继续苟活，而是写了一首绝命诗后慷慨赴义。他用自己的个人性命向封建势力反抗，他视死如归、愿为祖国前途而英勇献身的爱国精神值得我们钦佩！同样，在近代历史发展过程中，许多仁人志士为了祖国统一，同仇敌忾、抵御外敌。他们在敌人面前矢志不渝、永不低头。邱少云面对敌军惨无人道的蹂躏，他宁愿在火堆中独自承受痛苦，也绝不出卖战友，最终光荣牺牲。正是这种视死如归、无私奉献的爱国精神激励着我们一代又一代中华儿女不畏艰险、在敌人面前誓死捍卫民族尊严。"爱国"不应该仅仅是一句口号，更应该是一份责任与担当。因此，培养大学生的爱国精神是高校思政教育的主要内容，从传统文化中汲取其积极思想内涵，塑造经典形象为他们树立良好榜样，从而培养他们浓烈的爱国精神和勇挑重担的精神。

（二）自强不息的民族精神

"天行健，君子以自强不息。地势坤，君子以厚德载物。"[①]这是对自古以来从不向困难低头的中华儿女最高度的概括。纵观中国古代传奇历史，英雄豪杰不胜枚举。

"盖西伯拘而演《周易》；仲尼厄而作《春秋》；屈原放逐，乃赋《离骚》；左丘失明，厥有《国语》；孙子膑脚，《兵法》修列；不韦迁蜀，世传《吕览》；韩非囚秦，《说难》《孤愤》；《诗》三百篇，大抵贤圣发愤之所为作也。"[②]这段话不仅表明了古人遭遇不幸时发愤而作，同时也表达了司马迁自身遭受宫刑之后仍写下了《史记》后的坚强意志。这种发愤图强的精神经过代代相传，早已内化为中华儿女不竭的精神动力，激励我们奋勇前行。因此，作为祖国未来栋梁的社会主义新青年，在任何时候都必须传承这种精神。学校应在平时的教育中潜移默化地将这种精神灌输到学生的思想中，培养他们独立自主、自强不息的健全人格，激励广大学生投身于为祖国的繁荣昌盛而奋斗终身，这样我们伟大的中华民族才能长久地屹立于世界的东方。

（三）天人合一的生活智慧

现阶段，我国的主要任务之一是构建文明和谐的社会以及倡导人与自然要和

---

① 引自《周易》.

② 引自《报任安书》，（汉）司马迁著.

谐相处，这与古代"天人合一"的精神有一定的相似之处。

老子曾提出"道法自然"的观点，孟子提出的"天时地利人和"，这些都表明了古代哲学家强调人与自然应和谐相处的观点。这些都为当今保护环境、维护生态平衡、可持续发展以及建设美丽新中国提供了良好的思想基础。这些思想内涵不仅要求人类与大自然之间要和谐相处，也侧面体现出人与自身、与其他人之间也应该做到"和谐"的思想。在古代社会，古人奉行仁爱诚信等处事原则，时刻自省慎独，严格规范自己的言谈举止，使自己成为德才兼备的"圣人"。另外，老子倡导要"不争"，即告诫我们不要遇别人争夺一些无头小利，而应时刻要设身处地为别人着想。时至今日我们仍提倡"和为贵""己所不欲勿施于人"等。这些内容对当今时代我们如何与别人保持良好的关系以及建设生态文明提供了重要的理论依据，同时也成为高校思政教育的重要内容。

（四）崇德尚仁的人格精神

中国自古以来就很重视个人的道德修养，学者以德才兼备的"圣人"作为人生目标，并将"道德"视为区分人与禽兽的重要标志，认为"道德"是"人"成为人的基础，体现了古人对"至善""至美"的人格追求。同时，历代君王重视道德教化，提倡以德治国。而"以德服人者，中心悦而诚服"[1]"善政不如善教之得民"[2]等也都为我们当今社会提倡"德治"与"法治"相结合提供重要的启示。另外，孔子提倡人们应克制自己，对待别人要礼让，此为"仁"，在此基础上提出"仁爱"为核心的学说，他倡导人们应该互助互爱，对他人和长辈应尊重友爱。后来，孟子在此基础上发展为"仁政说"，将"仁"的学说与政治治理相结合，实行王道，改善民生，提倡以德服人。

与孟子的仁政学说相联系，儒家从人们生活实际需要出发，提出要重视民生，坚持以人为本的思想观点，不断满足人们的物质生活需要，进而对其进行礼乐教化，使民从善，进而国家政权得以稳固。李世民曾说："民可以载舟，亦可以覆舟"。这些思想同我们当今时代所提倡的以人为本虽然有所差别，但与当今所提倡的思想与其是一脉相承的。"实现人的自由而全面的发展"[3]是马克思主义关于人的重要学说，我国在借鉴其科学理论基础上，进一步完善和发展了"以人为本"的思想。习近平总书记也多次提到，要坚持以人民为中心、坚持人民当家做主。这些思想

---

[1] 引自《孟子·公孙丑上》.

[2] 引自《孟子·尽心》.

[3] 引自《马克思恩格斯全集》第23卷.

对于建构当代大学生主体性、发挥其自觉性以及促进其全面健康成长都具有很强的借鉴意义。

二、中国传统文化特点

中华文化在发展进程中，是一个代代相传的过程，同时也是中华民族的财富所在。从表现形态上来看，传统文化具有多样化，以伦理道德为基础，从儒家层面进行发展。"在历史发展中所涉及的伦理政治，能够对国人在文化方面的人格发展产生显著性影响，同时也能够给传统文化所对应的民族特性产生决定性作用。由此可知，传统文化所具有的一个极为重要的特性便是伦理性。除此以外，还拥有下述特性。

（一）统一性与多样性

传统文化的统一性体现在：首先，从它自身发展历程来看，在不断变革发展以及融合其他外来文化，逐渐构成一整套以儒家为主流意识的思想体系。春秋战国时期，社会急剧变化，不同学派和家族流派不断涌现，出现了诸子百家相互争鸣的盛况，思想得到极大的开放。随后，秦始皇积极推行统一战略，建立了以汉族为主体的秦朝。此后，中国开始走向统一的时代，开创了封建社会的新局面。到了汉朝，"罢黜百家、独尊儒术"的统治政策得以推行，至此，儒家思想开始逐渐成为统治中华民族两千年的主流思想。甚至到今天儒家精神仍激励我们步步向前。另外，就其内容而言，传统文化既有对天地万物的探索，又有对政治、经济和文化的考量，涉及哲学、宗教、艺术以及人伦道德等多维角度。而这些内容在几千年的衍变和融合之后，逐渐形成了统一的文化特色。

而传统文化的多样性则体现在这几个方面，第一，传统节日的出现是我国文化不断发展的产物，从春节辞旧迎新到清明节祭祖扫墓，从端午节悼念先驱到中秋节阖家赏月，再到重阳节登高祭祖，等等，这些节日活动将中华儿女凝聚在一起，成为连接各民族文化的精神桥梁。第二，中国传统建筑别具一格，装饰艺术多样。不论是连绵起伏的万里长城，还是富丽堂皇、气势恢宏的故宫，抑或是幽静典雅的苏州园林，这些风格独特、技术高超的传统建筑都是我国灿烂文化的生动体现。第三，古代文学、传统绘画书法、传统戏曲音乐以及传统服饰等传统文艺极其丰富并且辉煌，这些都深刻体现了我国文化的多样性。第四，古代学术思想、理论观点丰富，其中一些思想观点蕴含着丰富的哲学思想，对于我们每个人的价值取向和生活主要手段以及中国的社会发展都有深刻的影响，在今天仍然具有很高的教育价值。

（二）继承性和创新性

迄今为止，中国传统文化发展已有数千年，长时间的历史沉淀，虽然为推进传统文化的统一性起到了较好的作用。此外，在整个历史长河中，经历了朝代更替、战乱瘟疫，但传统文化依然流传至今，经久不衰，能够展示出极具智慧的光芒，同时又拥有很强的生命力。对于中国传统文化，可将其视为是对前代价值文化的传承，对于传统极为重视，才使其得以流传至今。尽管在历史进程中，传统文化发展并非一帆风顺，同样经历了跌宕起伏，但事实上也展示了其极为顽强的生命力。中国传统文化的发展，是一个极为漫长的过程，在此进程中出现了一批又一批的前人，通过学习前人经验又对其进行完善创新，不断地对此过程周而复始，为此付出了极大努力，是一代又一代前人的智慧所在，进而逐步完善并丰富，整个过程极为艰辛。

基于此，在传统文化方面，便需坚持"取其精华，去其糟粕""推陈出新，革故鼎新"的态度，做到"创造性转化、创新性发展"。在当下科技快速发展变革的时代，我们仍应当充分加强创新能力的提升，激发其潜在的再生能力。中国传统文化之所以没有在历史变革当中被消亡，最重要的原因就是它能够依据时代变革，不断推陈出新、创新发展。传统文化在漫长的历史过程中不断自我反思、革故鼎新，在汲取前人智慧的基础上又不断创新，结合时代需求进而形成新的理论体系，如此循环往复，逐渐形成并发展成熟。在 21 世纪的今天，中国传统文化内涵与精神实质仍然流淌在我们中华儿女的血脉中，生生不息。

（三）包容性与开放性

在中国传统社会中，影响最大的学术流派是儒、释、道家。百家争鸣盛景的出现，极大促进了传统文化的发展，同时也使得传统文化内涵得以显著提升，并实现了对各类优秀思想的充分融合。中国传统文化既有关于政治的、经济的、文化的历史考量，又有关于人与自然界、人与社会、人与人之间以及人与自身关系的思考，正是中国传统文化与时俱进，在发展的过程中推陈出新，根据时代特性求同存异、兼容并包的品格使得传统文化顺应历史的变革而不断延续，并且不断丰富自身的思想内涵。在历史进程中，中国传统文化一直以来都是世界上最为优秀的文化，对中华民族发展起到了有力的推进作用。对于外来文化，我国传统文化具有较高的包容性，并对外来文化中精华的部分进行吸收，如印度医学、舞蹈；西方自然科学等。中国文化同外来文化之间在历史之中长期碰撞，比较经典的如玄奘西游等，拉近了中国文化与国外文化间的交流。正是因为其所拥有的包容特性，以及开放特性，对各个民族的文化进行融合，才使得中国传统文化实现更加丰富的发展。

（四）独立性与通融性

独立性主要是指传统文化由中华民族为主体创立，并逐渐发展成为我国独特的文化体系。中国独特的方块汉字、语音系统、以藏象学说为核心的中医药理论体系、风格独特的戏曲音乐、诗情画意的中国书画等都是中国传统文化的典型代表。此外，对待外来文化，我们秉持"洋为中用"的原则，在批判的基础上加以继承。源于古印度的佛教于公元前1世纪前后传入中国本土，隋唐进入繁荣鼎盛时期，后与"儒教""道教"三教鼎立。正是这种强大的通融性，使传统文化能够在世界文化中发挥其主体性地位，在现代社会中充满时代活力，增强我国在当今世界中文化软实力。

第三节 儒道文化的研究及发展

一、儒家文化的研究

儒家思想是我国传统文化的基础内容，包含着博大精深的教育理论和文化资源，具有显著的育人功能。儒家的创始人孔子是首开私人办学先河的古代著名大教育家，他在曲阜聚徒讲学，提出"有教无类""诲人不倦"等教育思想。此后，儒家弟子继承了孔子重视教育的思想，在两千多年的传承与沉淀中，逐渐形成了完善而成熟的教育体系，即使是用今天的眼光去审视，也能感受到儒家教育思想焕发出的巨大价值。尽管儒家思想的目的在于维护封建统治，但事实上我们不能否认它的优秀内容，特别是对于当今高校思想政治教育的价值。思想政治教育的主要意义一方面，在于培养和提高学生的道德修养，另一方面，在于提高我国的文化软实力。近年来，尽管思想政治教育取得了巨大的进步，但事实上随着经济社会的发展和社会主流文化的多元化，思想政治教育面临着许多机遇和挑战。辩证的将儒家思想应用在思想政治教育中，不仅可以为课程创新和改革提供新的动力和元素，而且也是对"促进文化大发展大繁荣"的响应，既是对传统文化的传承与发扬，也是建设有中国特色文化的必然要求。

（一）儒家思想的形成和发展

中国传统文化的主干是儒、释、道三家思想相融合的结果，其中儒家与道家都较早的形成于先秦时期。河南安阳等地出土的甲骨文显示，早在四千多年前，中国大地上的先民就已经能使用大量的文字进行记录。根据对这些文字和青铜器的研究，证明了夏商周时期已经形成了古代社会最重要的两个制度，宗法制度和礼乐制度。西周春秋时期，孔子继承了这些制度，在保留传统天命思想的基础上屏弃了对神鬼的崇拜思想而重视世俗生活，提出"克己复礼""仁者爱人"等一系列影响深远的政治思想，具有浓厚的人文主义精神。晚年的孔子醉心教育，孔门弟子三千，其中达者有七十二人。此外，孔子还致力于整理编纂重要的典籍，使得《诗经》《尚书》《周易》等书籍得以流传并成为儒家学派的经典。

战国时期，儒家学派一分为八，其中影响最大的是孟子和荀子，他们分别从"性善"与"性恶"两方面展开对人性的探讨。孟子对儒学的发展在于提出了"仁政"思想，荀子则提出"隆礼"与"重法"，被认为是儒家学派中相对激进的一派。在经历了秦统一后焚书坑儒后，汉武帝采纳了董仲舒"罢黜百家，独尊儒术"的建议，为了顺应封建王朝统一的需要，董仲舒的儒家思想是在继承先秦儒家思想的基础上，杂糅了黄老形名学说和阴阳五行理论的新儒学，政治上他宣扬君权神授，提出所谓"天人感应"，伦理上则提出"三纲五常"，在促进儒家思想向前发展的同时也造成人们思想的禁锢。

北宋明时期的儒学经过周敦颐、张载、"二程"的发展，形成"理学"，并在南宋时，经朱熹的进一步完善而到达儒学新的高峰。理学的实质是儒、释、道的合流，讨论的主题是"性与天道"。外化的"理"被认为是宇宙本源和万物主宰，内化在人心里的"理"则是"性"，也就是儒家一贯强调的"仁、义、礼、智"等品质。南宋的陆九渊在理学的基础上提出"心外无物"，认为"心"和"理"是完全对等的，提出"心皆具是理，心即理也"的主张，形成与朱学的对立思想。明代的王夫之继承了陆九渊的心学理论，他提出"致良知"和"知行合一"的概念，又将儒家学说带上新的理论高峰。

（二）儒家思想的主要特征

儒家思想在历史上长期作为封建王朝的正统思想，首先，要特征就是强烈的入世进取精神，相对于道家的山林隐逸思想和释家的空寂思想，儒家入世思想强调个人的社会责任，强调"经世致用"。

其次，儒家思想对于"善"的道德修养有着不懈的追求。儒家崇尚道德修养，有着刚强自健的人生理想，以尧、舜、禹、文王等先代圣王和孔子、孟子等圣人为道德榜样，讲究修身为本，这构成了入世进取精神的基础，即"修身""齐家""治国""平天下"。《大学》开篇即是"大学之道，在明明德，在亲民，在止于至善"，其后又有"物格而后知至，知至而后意诚，意诚而后心正，心正而后身修"的修养途径，通过这样不断深化的自身修养过程，臻于"内圣外王"的理想状态。

最后，儒家思想以维护封建王朝的统治为己任，其的"正统"思想"三纲五常"的伦理观作为其特征之一固然有维护当时社会稳定、鼓励士人求学上进的作用，但事实上也不可避免地造成了对人们思想的钳制，不利于思想解放和时代进步。

（三）儒家思想的研究目的和意义

1. 研究目的

从汉代开始，逐渐熙攘的中外交流进程中，文化交流取得的影响最为深远。其中，丝绸之路的开辟，东亚诸邦大量的遣唐使，宋代又开辟了海上丝绸之路，明朝又有郑和七下南洋的壮举等都使得中国文化深刻地影响了世界。

众所周知，中国传统的伦理道德体系脱胎于儒家伦理观。中国自古被称作"礼仪之邦"，儒家伦理道德思想为此贡献颇多。

至今东亚许多国家都奉中国文化为正宗，以儒家德育思想为重要的道德教育手段。近年来，虽然高校思政教育工作得到长足发展，但事实上对传统文化特别是儒家思想的辩证继承仍有不足，造成高校思政教育在强调马克思主义世界观却不能将中国特色和传统更好融入思政课堂。因此，发掘儒家思想中有益于思政教育的成分并使之有机融入教学中，这是高校思政教育发展中所面临的问题。

2. 研究意义

首先，儒家思想是构成我国古代灿烂文明的重要基础，在经历了漫长的发展历程之后，儒家思想在当代思想道德教育中依然拥有无可比拟的价值。将儒家文化融入高校思政教育中，不仅可以给当前的思政教育注入新的活力，而且有利于学生对传统文化的了解和认识，利于经典和传统的继承与发扬。其次，儒家先哲"知行合一""德智统一"等学思结合的教育思想，为建设有中国特色的高校思政教育提供了丰富的借鉴和参考价值。

（四）国内外对儒家文化研究的现状

1. 国外研究现状

中国文化历来是各国学者研究的重点与焦点，各国对该课题的研究都有不同视点不同层次的成果。亚洲各国尤其是韩国、日本、新加坡等，注重将中国儒家思想中的伦理道德学说与国民道德素质教育相结合，形成既具本国特色又有浓厚儒家色彩的道德教育体系。

西方世界对于中国文化的研究也有相当长的历史，但事实上儒家的伦理道德观迥异于"天赋人权"的西方价值观，而且西方社会历来奉行的"欧洲中心论"思想也制约了西方对儒家思想的认识与研究。近现代以来一部分西方学者将视线转移到具有独特价值的儒家思想上。

2. 国内研究现状

《关于进一步加强和改进大学生思想政治教育的意见》一经颁发，全国高校思政教育工作者和专家学者在不同领域和层面开展了广泛的研究和工作，并取得了显著的成绩。

随着"国学热"浪潮的兴起，传统文化特别是儒家思想再次激起众人的研究和学习的热情。尤其是从中国传统文化入手，探究儒家学说对高校思政教育的启示或意义。本文基于国内现有研究状况的基础上，以儒家思想为核心，从高校思政教育的继承性和发展现状入手，探究儒家思想对思政教育的补益性作用和教学中的应用措施，从而得到能够促进当今高校思政教育发展的启发和结论。

（五）儒家文化与高校思政教育结合的意义

1. 有助于弘扬民族精神

精神是文化的灵魂，是全体人民道德风貌的体现。在我国，"民族精神"是本民族的基本素质和共同品格，具有强大的凝聚力和向心力。中华文明经历五千年的孕育、洗礼和沉淀，形成了以爱国主义为核心，以团结统一、爱好和平、勤劳勇敢、自强不息为主要内涵的民族精神。而从这内涵不难发现，这也是儒家文化的应有之义。

儒家文化有着极为丰富的民族精神文化内涵，纵观中国封建历史，历朝历代的统治者，都十分注重利用儒家文化弘扬民族精神。"大道之行也，天下为公""天下兴亡，匹夫有责"凸显了以天下为己任，复兴中华的道义精神；"克勤于邦，克俭于家""民生在勤，勤则不匮"表达了要懂得勤劳朴实，艰苦奋斗的俭约精神；"见利思义，见危授命，久要不忘平生之言，亦可以为成人矣"[①] "君子爱财，取之有道"，展现了个人见利思义、生财有道的契约精神；"老吾老以及人之老，幼吾幼以及人之幼""兴天下之利，除天下之害"表达了要尊老爱幼、同舟共济的博爱精神；"君子和而不同，小人同而不和""致中和，天地位焉，万物育焉"表述了一种尚中贵和的"中庸"精神。总之，儒家文化中丰富的民族精神内涵，对于当代大学生的民族精神教育，具有很重要的启示作用，这不仅有利于在大学生的意识层面加强民族品质培养，更重要的是有助于大学生在言行举止之间，展现本民族的精神风貌和气节。

2. 有助于社会主义核心价值观的培育

首先，儒家文化提供了社会主义核心价值观的思想源泉。儒家文化是以"仁义"为核心的德性文化，把"仁"看作人心，把"义"看作为人处世的原则，主张"仁者爱人""见利思义"，认为民众是"不患贫而患不均，不患寡而患不安"，所主张的是一种爱国爱民和平等公正的价值取向。《礼记》中提出要"敬业乐群"，朱熹说"敬者何？不息慢、不放荡之谓也"，即主张对待自己的岗位要敬业爱岗，要保持对工作的热情。"诚者，天之道也，思诚者人之道也""君子诚之为贵"就是说，要待人以诚，懂礼貌，要以和为贵，不能在工作中或者人际交往中，不诚实守信。此外，儒家提倡的办事公道，要无偏无颇，无有作好，无偏无党，无反无侧。这些都为社会主义核心价值观的提炼提供了丰富的理论营养。

其次，儒家文化为社会主义核心价值观的培育提供了理论创新依据。从社会主义核心价值观的内容看，"自由""平等"反对传统文化中尊卑贵贱等思想，主张人人平等，并主张通过建立法制来完善和补充儒家道德价值抉择中的"两难问题"。以儒家"民贵君轻"的思想为依据，利用马克思主义群众理论观点，发展了"民本"思想的内涵，重视以民为本。

最后，儒家文化为社会主义核心价值观提供了很多丰富的理论依据。而且儒家文化能够提升社会主义核心价值观的群众影响力和感召力，能够丰富和发展社会主义核心价值观内涵。

3. 有助于促进学生全面发展

儒家文化有着追求完美人性、尊崇理想人格的传统。《大学》中提到，"大学之道，在明明德，在亲民，在止于至善。"凸显了儒家对"至善人性"的培养。儒家对促进人的全面发展，形成了较为完整的教育体系。以先秦儒家为例，在道德素养方面，以仁、义、礼、智、信、忠、孝、俭、让等一以贯之，在道德技能

[①] 引自《论语·宪问》.

方面，以礼、乐、御、射、书、数等辅之。在教学宗旨上，以"人人皆可以为尧舜"为目标。后世的儒学家，为了进一步提升人的道德水平，对以孔子为代表的先秦儒家思想进行修正和补充，包括完善教育理论，提出以阴阳五行代表人的品性，实现"天人合一"；消除人的欲望，使人的行为符合自然法则，"存天理，灭人欲"，以"忠""恕""孝""悌"作为行为准则，进一步规范人们的伦理关系；改善教育主要手段，提出"知行合一"，在道德实践中，通过认知事物的本质而"致良知"，通过"顿悟"而完善人性。总之，对于促进人的全面发展，儒家文化提供了丰富的理论指导以及路径参考，如果在思想政治理论课教学中加以学习和运用，无疑能对当代大学生的身心健康、人格修养，起着巨大的促进作用。

二、道家文化的研究

（一）道家思想的形成和发展

道家思想的形成和发展，可以从以下几个阶段进行分析。

第一个阶段：以老庄之学为代表的先秦道家。这一阶段的道家以老子发轫，至庄子而集道家之大成。

第二个阶段：汉初黄老之学。黄老之学最初形成战国末年齐国的稷下学宫，至汉初也蔚为大观，进入了它的黄金时期。道家以黄老的形态表现出来，在汉初也具备一些自身的特点。

第三个阶段：汉末的道教。汉末道教的形成是道家发展的一种变态。汉初黄老之学实际上只是一个相当短暂的时期，汉武帝独尊儒术，而后佛教的传入，中国思想文化出现了一个很大的转向，到汉末道教的产生，这些都是具有划时代意义的大事。汉末道教实际上继承了道家思想的某些方面，把老庄、黄老宗教化，并与神仙长生、民间巫术相结合。同时在汉代的文化大背景下，道家也借助于道教的形式得到某种程度的发展。

第四个阶段：魏晋玄学。玄学实际上是儒学与老庄之学的融合，所谓三玄即是指《老子》《庄子》和《周易》。《老子》《庄子》是道家经典，《周易》被称为儒家五经之首。玄学的代表人物何晏、王弼、阮籍、嵇康、向秀、郭象等，都是老庄的信徒，所不同的是，其中何、王推崇老子，向、郭推崇庄子，而阮嵇则得老庄那种独任清虚、离尘脱俗之道家精神气质。

魏晋玄学以后，道家的发展仍不绝如缕，至当代还有新道家之说，但相对于先秦汉魏道家而言，既没有出现大的道家代表人物，也未能形成有影响的道家流派，当然道家的精神还是存在的，整理注释老庄之书者代不乏人。

（二）道家学说的精义

《老子》开篇第一句就是"道可道，非常道"，老庄学派的学说就是以"道"为中心观念展开的。老子讲"人法地，地法天，天法道，道法自然"，庄子讲"道"是"在太极之先而不为高，在六极之下而不为深，先天地生而不为久，长于上古而不为老。""道"是老庄哲学中的最高实体、万物本源和自然法则，"道"的本性是自然、无为，道法自然、道常无为是道家思想的核心。

老子讲，"道常无为而无不为"，"无为"是道的根本特性，"无不为"是顺应道之自然特性行为处事的必然结果。

无为是顺应自然的本真状态。老子说："水善利万物而不争，故几于，道。"道就像水滋润万物生长一样，是自然而然的。"圣人处无为之事，行不言之教，万物作焉而不为辞，生而不有，为而不恃，功成而弗居。"圣人以"无为"的态度来做事，用"不言"的主要手段去教导别人，像道一样任凭万物自然地生长变化而不去干预，生育万物而不作其主宰，促进万物而不自恃有能，成就万物而不自居其功。人所要做的就是"辅万物之自然而不敢为"，辅助万物去自然发展，不勉强按自己的意愿去行事。所以，老子主张无欲、无知，"绝圣弃智""少私寡欲""致虚极，守静笃"，回复到人原初的自然状态，庄子也认为，"知其不可奈何而安之若命，德之至也。"

无为在政治上的体现，就是无为而治，即"为无为，则无不治"。道家把无为视作最高的政治原则，认为"我无为而民自化，我好静而民自正，我无事而民自富，我无欲而民自朴。"反对统治者劳民扰民，横征暴敛，与民争利。汉初黄老之学是道家"无为而治"理论的积极倡导者和实践者。秦亡汉立，立国者正视天下大乱造成的民生凋敝、百废待兴的社会现实，汉文帝、汉景帝等都把黄老之学无为而治的主张作为治国的指导思想，"处无为之事，而行不言之教。清静而不动，一度而不摇，因循而任下，责成而不劳"，施行轻徭役、薄税负等让百姓休养生息的政策，"事省而易治，求寡而易澹，不施而仁，不言而信，不求而得，不为而成"，开创了汉初"文景之治"。作为一种极富智慧的执政艺术，无为而治也受到儒家的推崇，如荀子反复强调"主好要则百事详，主好详则百事荒""守至约而详，事至佚而功"，认为君主选贤任能后，就应该垂拱而治、坐待其成，道家无为而治的政治理念与此不谋而合。

第二章　大学生思政教育概述

大学生走进高等学府，接受更复杂的文化知识和专业技术的学习，接触更复杂的生活环境，并且即将走进社会，这将是他们人生发展的最重要阶段，是他们提升自身适应社会发展的关键素质和基本能力的关键时期。而我国自古以来就重视对人才思想道德的培养，因为一个德才兼备的人才能真正为社会做出贡献，才能共同推进中国梦的实现，所以，高校思想政治课程的重要性就被体现出来。

本章是对大学生思想政治教育的概述，内容包括大学生思想政治教育的特征和形式，大学生思想政治教育的现状和问题，以及大学生思想政治教育的主要内容和目标，最后说明高校思想政治教育重要性。

第一节　大学生思想政治教育的特征和形势

一、大学生思想政治教育的主要特征

（一）民族性

民族性对于一个民族、一个国家是至关重要的存在，民族文化是大浪淘沙留下来的精华产物，凝聚了一个民族代代人民的精神思想精髓和智慧结晶，随着传播和继承早已融入人民的灵魂中。民族文化造就了不同民族的不同习俗和主要特征，民族性是文化的脊梁，是文化价值存在的基础和前提。弘扬中华民族传统文化也是思想政治教育工作的重要内容，培养高校大学生的民族自尊心、认同感、自豪感，能够有效帮助青年形成正确的人生观、价值观、世界观，从而拥有优良的性格品质。在中华民族的历史长河中，儒家思想经过了大浪淘沙，承受了历史的筛选，时至今日仍然展现其不断更新的内涵。儒家所支持的忠、孝、礼、义、廉、

耻等人类社会道德标准造就了中华民族的民族精神。经过这些民族精神的洗礼，高校大学生的道德文化素养可以大大提高，有助于学生成为新时代的优秀人才。

（二）整体性

整体性在思想政治教育教学中首先，体现在教学中的每一阶段和环节中，其次，还体现在教学内容的整体性，思想政治教育是向学生传授马克思主义理论知识，这一理论具有完备的逻辑体系和框架，其发展历程也具有整体性。在思想政治教育教学的导向指引下的整体性主要表现在以思想政治教育为教育教学内容中，并引领教学的正确方向。而这门课程本身就具有完整性，在教学过程中首要的是让学生认知和了解这门课程和教学内容及其思想的整体性，而不是对某一部分具体的知识点进行深挖，因此对的构建应坚持完整性这一特征。在教学过程中，不应把认识某一具体知识作为教学的第一要务，否则学生将无法掌握这一教学内容的思想，更无从谈起对知识、思想的转化。

思想政治教育是一门兼具系统性、完整性的课程，可将各种性质类型的教育教学因素整合到教学过程中，并能引导学生把感性认识或零星观点转化成一个整体的思想政治素质，其教学最重要的一点就是要使学生对马克思主义理论的价值立场、观点等思想的认识转化为信念，因此在教学过程中一定要重视对整体性的把握，而对思想政治教育教学构建的理应体现整体性这一特征。

（三）时代性

思想政治教育必须牢牢跟上当代社会的发展节奏，要具有鲜明的时代性主要特征，时代性主要特征在教育内容中有所体现，如当前形势下中国共产党的政策、方针、路线，而上述有关党的理论是如何获得的，在现实生活中又有什么样的应用和依据，这些都是很重要的。思想政治教育也只有融入新时代的理论内容才具有生命力，才更容易被高校大学生掌握。随着改革开放和社会主义市场经济的不断发展，高校大学生的思想、价值观取向与以前相比产生了巨大的变动，受到了前所未有的影响。随着外来信息的不断涌入，人才需求的扩大，青年学生有更大更好的舞台来发挥自己的才能。随着世界上不同民族文化的价值观、生活理念的涌入，形成了思想碰撞，形成了文化和意识领域的丰富化、多样化。而且当前世界信息全球化、网络全球化，也对当代学生思想政治教育提出了新的挑战，学生在生命中遇到的任何一个疑难问题都难以有标准的答案，这使得教育者在给予学生正确信息这方面的权威受到了挑战，这是高校大学生思想政治教育工作需要思考的新疑难问题。时代性特征就是指思想政治教育要将理论联系新时代的实际状况，这就考验了思想政治教育者的理论驾驭能力与结合实际有效地解决疑难问题的能力。只有具备上面所说的品质和能力，对于实际遇到的疑难问题才能有更透彻、更有深度的理解，思想政治教育才能达到新的高度。

（四）实践性与认识性统一

通过实践和认识的不断反复运动，人们在对从教学实践过程中得到的原材料运用头脑的主观的理论思维形成最初认识，在最初认识的基础上进行反复推敲，分析研究，总结归纳教学实践内在的、本质的特征和现象，进而对这些现象的普遍联系进行分析研究，得到各种现象的内在联系和共同本质，从而形成思想政治教育教学。其实践性表现在两个方面，第一，源于思想政治理论课教学实践并服务于思想政治理论课教学实践。第二，对培养高校大学生正确的马克思主义价值立场、方法、观点等具体的、现实的教学实践活动具有指导作用，是影响教学目的和教学效果达成的重要因素。

高校思想政治教育教学在本质上是教师与学生之间不断实践，不断提高认识，再用认识指导实践并得出新的认识。广大高校思想政治课程教师的"教"与学生的"学"就是构成这一特殊教学实践的统一结合体，从而作为反映教学基本概念的范畴具有实践与认识的统一性。思想政治教育教学作为党的指导思想重要宣传阵地，其始终反映中国特色社会主义的建设发展这一实践活动，对这一实践活动中出现的种种疑难问题而展开理论研究，其价值指向是引导学生掌握科学理论，坚定理想信念和提升思想素质。综上，教学的根本属性就是实践，其从实践中得出，也反作用于实践，为实践做指导。基于思想政治理论课教学实践活动而展开分析研究构建得到思想政治教育教学也是实践和认识的统一体，具有实践和认识的统一性特征。

二、大学生思想政治教育面临的形势

（一）国际形势

首先，经济全球化的发展使世界各国的政治、经济和文化都能够进行深入的交流，拉近与彼此的距离，将世界变成了一个能够相互联系和影响的整体。但是，东方国家和西方国家还是存在一定的差异性，无论是在意识形态方面还是在物质方面，都体现出一定的区别。

其次，伴随着科技的高速发展与进步。文化传播的速度日新月异，同时新兴的网络媒体与自媒体等频道也让文化传播的渠道变得更加广泛与便捷。科技的进步让世界各国之间的联系更加紧密，文化的开放不可避免地让西方的文化和价值观潮水般地涌入国内，与国内传统文化与价值观进行激烈的碰撞。对高校大学生价值观的形成产生了或多或少直接或者间接的影响。

（二）国内形势

1. 市场经济体制发生转变

高校大学生的思想政治教育工作在一定程度上来说，是与某些经济基础相匹配的意识形态的工作。近年来，我国经济水平不断提升，社会经济体制发生了较大转变，意识也发生了很大的变化。这都对高校大学生起到了较大的影响，学生在品德教育的重视程度上普遍低于对知识技能的认识程度，学生在学习中很难提升学习的积极性，这成为高校思想政治教育中的一个挑战。

2. 科技发展变化带来影响

随着社会经济的不断提升，信息技术带来了飞速地发展，为人们的生活提供了较多的便利。其随之而来的是大量的信息传递，网络的发展让信息传递更加迅速和范围更加广泛。在这样的背景下，高校大学生的政治思想教育得到了更好的技术支持，知识的获得变得更加快捷，同时，庞大的信息量也容易使辨别是非能力较低的学生"走错路"，因此，提高学生素养势在必行。

3. 国家教育方针开始转向

我国的国家教育方针开始转向了学生们的素质教育主要手段，并对高校大学生的政治思想教育带来了两方面的影响，一方面，为我们的教育提供了更多的空间和综合素质教育，促进了我们的教学水平的提升；另一方面，带来的是更加多元化的背景，各类教育目标罗列在我们的面前，我们需要不断地提升自己的教学素养，并且需要去正确地区分轻重缓急来进行对学生的教育实施，这对我们的教育来说增加了一定的难度，提出了较大的挑战。

4. 教育工作面对的挑战

在高校思想政治教育的实施过程中，思想政治教育要面对的是学校以及教师等方面的教学思想认识和素养等方面的疑难问题，这些也是当前我国高校教育中的弱势所在，甚至对我国的教育产生一定的阻碍。在日常的教育中要重视这样的教育挑战，将挑战转变为机遇，将弱势的教育疑难问题进行有的放矢，积极扭转困境，从而对学生的学习效果提升起到促进的作用。

第二节　大学生思想政治课程的建设分析

一、高校思想政治教学的任务

习近平总书记曾多次在教育工作会议上重申立德树人的重要教育观点。因此，高校思政教师要以立德树人作为教学的根本任务，坚持以人为本的教学理念，切实完成高校思政教学任务。高校思政教师主要教学任务有以下四点。

第一，引导高校学生形成正确的世界观、人生观和价值观，培养其积极向上的人生态度，树立学生崇高的理想追求。

第二，增强高校学生民族文化认同感，强化和加深高校学生民族意识及民族信仰，增加高校学生民族自信。

第三，提高高校学生道德认知，强化高校学生道德意识，规范高校学生道德行为。

第四，充分发挥思政教学核心作用，促进高校学生全面发展。

二、高校思想政治教学的形式

高校思政教学中包含国家历史、毛泽东思想、中国特色社会主义理论、马克思主义理论以及人生观、理想信念、民族精神、社会主义核心价值观、道德、法律等方面的内容。有不少高校思政教学内容在思想上与儒家思想具有一定的重合性。因此，儒家思想在教学过程中既可以是教材的一部分，也可在内部逻辑以及外部情感上与思政教学起到相辅相成的作用。再者，高校学生对思政内容思考与儒家文化中德育思想的交融思辨，既可达到传承发扬传统文化的目的，也可达到思政教学思想与精神层面的升华。

当前，以高校思政教学在形式上主要分为课堂教学、第二课堂教学以及网络直播教学。一般而言，课堂教学中包含课堂理论讲授、课堂答辩、课堂情景模拟、课堂实践训练等形式。第二课堂教学中包含实地考察、实地参观、拓展训练、社会实践等。网络直播教学中包含课堂理论讲授、高校大学生和高校教师连线互动、生生连线互动等形式。由于教学形式多种多样，高校思政教师应遵循不同内容特点、学生的发展规律、教学规律以及德育规律，有的放矢地选择不同形式展开教学。

三、高校思想政治教育的现状

高校思想政治教学是立德树人的主要途径，思政教学的有效实施和践行直接影响到德育目标的完成和马克思主义理论教育任务的完成。

随着社会的进步、文化的时代性进展、信息的国际化，不同国家、民族之间日益增多的交流与融合造成多元思想冲击的局面。这给高校思政课教学带来前所未有的困扰与挑战，从而影响高校思政课教学的实效性。再者，以教学内容理论性特征为主等多种原因，使课堂上经常出现学生玩手机、睡觉、处理私务等行为。目前，高校思政教学正处于融入中国传统文化的尝试阶段，仍有不少高校思政教师并未采取此举措。

教育改革、教育创新一直是教育工作者的职责和使命。在中国特色社会主义进入新时代的今天，思想政治教学中的很多疑难问题也开始慢慢暴露出来。不只是时代与外部发展变革给思想政治教学带来新的影响，在思想政治教学自身也存在一些矛盾。只有矛盾凸显，疑难问题暴露，我们才能在疑难问题的解决中实现新的完善和进步。

（一）新时期高校思政教育存在的矛盾

1. 教育模式比较落后

习近平总书记关于意识形态工作论述是在不断总结我国历届领导集体关于意识形态重要论述的基础上，结合我国实际国情与时代背景的新时代思想产物，充分体现了极具时代特色的创新性和与时俱进的特征。这样的时代性特征于高校而言应体现在教育模式与时俱进上。一方面，习近平总书记关于意识形态工作论述在关于网络论述中表明网络已经成为意识形态斗争的重要战场。大学生作为时代先锋产品的追随者，必然会受到网络信息的影响。在这样的现实背景下，已有不少高校顺应时代的要求，建立起网络思想政治教育平台，但仍然有部分高校疏于网络思想政治教育平台的建设和发展，甚至有部分高校并未感悟到网络教育的重要意义、没能触及该领域，依旧保持传统的高校思政课堂讲授教学模式，教育模式呈现"老化"，无法吸引学生注意力、激发出学生对思想政治相关内容的学习兴趣。对此高校应及时顺应时代要求，进化其教学模式。另一方面，目前高校思想政治教育课程内容相对独立，思政教育模式还未健全，未能全方位将思想政治教育的相关理论渗透入高校教育教学过程当中。

2. 教学主体发生转变

我国思想政治教学的主体现今正处于一个变革的过程之中，尊师重道是我国教育传统形式，从我国古代延续至今的传统观念决定了思想政治教师地位与学生地位的不平等性特点。在新时代的教育和社会新的要求促使下，我国正逐步由思想政治教师主体向学生主体转变。思想政治教师如何开展教学，如何认识学生、对待学生？这都要体现学生的主体性原则。学生不仅仅应该是学习的受体，更应该作为发挥主观能动性的主体。在思想政治教学积极倡导以学生为主体的大背景下，各学校积极开发新的教学模式以改革取代旧的思想政治教师主导的教学模式。"翻转高校思政课堂""微课"教学、"慕课"教学等都得到积极地运用。这其中就存在一个"度"的疑难问题。思想政治教学内容的特性、教学科目的特点、学生年龄特点、学习能力等决定了应该使其有针对性地进行改进式发展，而不应该盲目仓促开展新的教学模式。

3. 教育对象思想更多元

当前高校大学生的思想意识和政治态度有一定的问题所在。

首先，大学生缺乏对思想政治科学理论的真实信仰。根据调查结果显示，大部分学生表示自己对高校思想政治课持积极主动的态度，但由于我国高校的教育体制以及国家选拔类考试大多倾向于应试教育，因而呈现出"重智轻德"的现象，学生所表现出来的对思想政治教育积极的学习态度，绝大多数是应付考试或修学分，并非发自内心地接受思想政治教育知识，也并非真正信仰马克思主义等思想政治相关科学理论，由于教学模式和教学方法单一枯燥，与实际联系不紧密，造成了学生对思想政治教育相关科学理论"不实用"的心理暗示。

其次，大学生缺失高层次的理想信念。不难发现，随着时代的发展，人们对自身利益的追求更为迫切。这是特定历史条件下社会发展的必然结果。值得注意的是，大学生实现职业理想的目的是追求更好的自身利益和自身发展，这仅是低层次的自我理想，而并非为社会主义事业的建设贡献力量的伟大追求。

最后，大学生价值观存在偏差。当前，部分大学生受多元化价值观和思想的影响，出现了奢侈浪费、攀比心理等价值观疑难问题，导致校园借贷惨剧屡发不止；也有部分学生作为学生干部官僚气息过重，思想腐化，为学生服务意识较弱。

4. 教育内容落后

习近平总书记关于意识形态工作论述彰显时代化的特质。对于高校而言，时代化是思想政治教育的内在要求。高校面向学生讲授，包括马克思主义理论以及马克思主义中国化的内容，这些内容是马克思主义理论在中国时代化背景下的产物，彰显了强烈的时代特性。然而，从教育实践来看，高校思想政治教育在内容上并未真正满足时代要求。尽管当前大多数的高校能够及时传达重大会议精神并及时更新思想政治教材内容，但仍然有部分高校忽视这一工作，导致思想政治教育内容依然是陈旧的理论，没有体现出时代化的特点，学生缺乏对国家新政策及会议精神的正确认识；高校思想政治教师应具有较强的政治敏锐性和觉悟性，将时政内容合理地融入课堂之中，唤起学生的学习热情，提升思政教育效果。

5. 教学形式缺乏新意

教学内容的切实贯彻、教学任务的完成总需要一定形式的高校思政课堂或者其他教学方法来实现。近年来学校教育开始注重以学生为主体，高校思政课堂形式的重心开始向学生交流谈论偏移。为激发学生学习动机，学校开始用一些奖品、积分等激发出学生积极的状态，期望以此来激励学生去认真学习知识、提高能力。其中活动式教学法作为一个比较新的教学主要手段得到很多学校的推崇。但事实上对于活动式教学也是需要注意"度"的疑难问题。活动是激发学生兴趣，引发学生独立动手实践完成任务的好主要手段，可是如果在高校思政课堂中滥用活动往往会导致本末倒置，引起负面效果。比如在政治课程中，新教材中插入了法治方面大部分内容。对于这一教学内容，高校思政课堂开展活动往往采取一些新形式的情景剧与图片等。这显然不适应于普及严肃理性的法治知识、引发法治意识和促进观念发展。而且在高中阶段升学压力以及课程内容较为繁重的阶段也不适合学生开展长时间高频率的活动式教学。因此对教学形式的转变和对教学内容教学阶段的针对性疑难问题还需进一步完善。关于用活动等新颖形式激发学生学习动机疑难问题也需要进一步探讨。

6. 思政课堂范围狭隘

思想政治教学不同于其余学科的学习，它有明确的具有核心理念的教学内容倾向，是对某些思想内容的强化和灌输。因而很多思想政治教学高校思政课堂中经常会出现设计性过强，局限范围过窄的疑难问题。21世纪不可避免的受全球化影响和改变了包括教育在内的人类生活的方方面面。我们越来越受到多元文化与知识的影响，因此对于思想政治教学的生成性疑难问题应该有一个更合理的态度。

（二）高校思想政治教育面临的局限性

当前高校思想政治教育所面临的疑难问题，既包括总体发展方向上的宏观疑难问题，也包括微观建设上的方方面面。只有全面地认清学科在科学化进程中所面临的疑难问题，并不断对已经不适应现实情况的制度和理论予以否定，对前沿理论加以规范和创新，高校思想政治教育学科才能始终具有科学性和实效性。

1. 学科建制水平和质量存在不足

（1）学理建制系统化水平较低

高校思想政治课程的内容已经基本形成，但事实上学理建制尚不完善，没有清晰的知识体系。高校思想政治教育规律可大致分为宏观规律（产生和发展规律）、中观规律（管理规律、工作规律和过程规律）、微观规律（教育规律和接受规律）三个层次，全面把握各方面的规律并加以合理运用，对促进高校思想政治教育的良性发展具有不可替代的作用。但当前对高校思政教育知识体系的研究不够深入，缺少对教育规律的研究和应用，三个层次之间也少有联系。另外，思想政治理论系统缺乏开放性。所谓系统的开放性，是指系统内部诸要素能与外界进行信息的交流和互换。高校思想政治教育是一个复合概念，无论是在学术研究还是实际应用中都不可避免地与教育学、社会学等其他领域发生联系，与这些相关领域的理论前沿取得交流十分必要，但目前，这两方面疑难问题还未取得实质性的进展。

（2）社会建制程度有待发展

一方面，高校思想政治教育机构设置缺乏整体性，主要表现为高校思想政治教育的理论研究系统和实际工作系统之间缺乏互动与交流。中国思想政治研究会是中宣部领导组织和促进思想政治工作研究的全国性社团法人，政研会的主要职能在于组织思想政治教育的理论研究和应用，基于这一职能，各子系统之间应紧密团结在政研会周围，并积极加强交流和互动。然而，高校思想政治教育发展的时间不长，两大系统之间没有形成完善的交流和互动机制，存在着各自为政的状况，此类状况阻碍了高校思想政治教育理论研究的深化，影响了实际工作的有效开展。加强两大系统之间的联系，能够推进高校思想政治教育积极发展，同时增强高校思想政治，对高校思政课堂的实效，具有重大意义。

另一方面，高校思想政治教育制度建设需要进一步加强。首先，尽管已经确立了基本制度，但高校思想政治教育制度体系的完整性和内容的准确性仍然有待提升。例如，关于对各高校国际交流生和国内交换生的思想政治教育制度至今空缺。1995年，我国获准成为"国际学生交流计划"的成员国之一，每年可与世界各地60多个国家和地区高校进行人才方面的交流学习。此外，我国于2009年成立了"九校联盟"，国内九所985高校的学生可以申请互相交换学习。这些交换、交流学生也属于高校思想政治教育的受教育者，但对他们的思想政治教育，一直没有找到合理的制度参照。其次，高校思想政治教育执行力度相对薄弱。在大学或者研究生时期，学生们的学习任务十分繁重，他们面临的不仅仅是某个专业的知识，还要应付各种水平考试，也有学生面临着就业的压力，很多事情自然不能兼顾。有的学生在本就不充裕的思想政治理论高校思政课堂上做自己的事情，再在考试前"突击背诵"考试重点。面对这种情况，思想政治教师也只好"放水"，放松对学生的要求，降低考试、考核的难度。

2. 教育主体科学认知不足

（1）高校思政教师队伍建设有待优化

一方面，高校思想政治教育队伍的结构需要进一步的调整和优化。这里的结构既包括教育主体的年龄结构，也包括教育主体的专业结构。就年龄结构而言，当前高校思想政治教育主体的年龄呈现多层次的趋势，不同年龄段的教育者各有各的优势。青年教育者对待工作积极性较高，具备创新思维，与学生年龄差小，相处融洽；中年教育者熟练强干，思维成熟，完成工作的效率较高；年龄较大的思想政治教师德高望重，具有深厚的学术底蕴，在学术研究和人才培养过程中更是不可或缺。但目前在高校中，各年龄段教育主体间分工不明确，教育者的年龄优势得不到最大的发挥。就专业结构而言，高校思想政治课程具有较强的综合性和应用性，所以思政教师在教学指导过程中，不仅要向学生传授理论知识，更要通过科学有效地手段，对学生的价值观、道德规范加以正向影响，做到德育和智育相统一。德育队伍作为德育工作的重要内容，对心理健康教育的队伍建设不容忽视，提高对德育队伍建设的关注度，其重要性不言而喻。

另一方面，教育主体的综合素质有待提高。当前高校思想政治教育者的准入要求已相当严格，若论及专业知识水平，绝大多数教育者都是领域内的翘楚，是高学历、高素质的人才。但涉及思想政治理论课的高校思政课堂教学，则是另一门艺术。所以，一般所说的教育主体的综合素质，不仅包括教师的专业知识和技能水平，还包括语言表达能力、组织管理能力、课程设计与开发能力等。当前，一部分教育者在从师技能方面理论有余，实践不足。因此，提升教育主体的综合素质，显得尤为重要和紧迫。

（2）高校学生队伍建设存在疑难问题

一方面，部分高校学生的价值观念不明确。"95后""00后"是一个极具时代感的特殊群体，他们生于和平、发展的时代环境下，不必接受战争和贫穷的洗礼，同时又面临着全球化浪潮的冲击和无法避免的多元文化带来的影响。总体来说，"95后""00后"高校学生的主流意识形态是积极向上的，并带有鲜明的个性色彩。但部分价值观念现实化、功利化。此外，部分高校学生还存在着诚信观念和合作意识缺失等疑难问题，这些问题要是得不到及时解决，对我国未来新一代青年发展甚至对社会发展都会造成十分严重的负面影响。

另一方面，道德行为受道德认知、道德情感和道德意志的调控，受教育主体的价值观念出现疑难问题，错误的道德行为很难避免，加之新媒体的开放性使信息传播的速度大为增加，高校学生的道德意志受到了前所未有的影响。要解决此类疑难问题，就要通过对学生进行道德教育，树立学生积极正向的道德认知与道德情感，形成"正能量"，从而坚定学生的道德意志，改善学生的道德行为。

（3）主体之间缺乏互动和交流

一方面，教育主体与受教育主体共处的时间、空间有限。近年来，随着高校不断扩招，高校大学生和高校教师比例随之缩小。身为公共课思想政治教师，各高校马克思主义学院的思想政治理论课教育者要面对的是全校学生。思想政治教师无法兼顾到每一位学生，教育者与学生的交集几乎仅限于思想政治理论高校思政课堂。在有限的时间内要顾及的学生越来越多，分配给每位学生的平均时间也就越来越少。

另一方面，主体之间呈单向授受状态。当前，绝大多数思想政治理论课的高校思政课堂均采用讲授式教学法，这种方法虽然能将知识体系较为全面地展现给学生，呈现出知识的完整性和系统性，但却忽略了学生的主体地位，没有考虑学生对知识的接收程度，错误地将学生置于被动接受的一方。无视学生学习的能动性而一味地讲授，会使其学习的积极性大打折扣，降低思想政治理论课的实效性。尽管在新媒体时代下，部分思想政治教师已经意识到此类疑难问题，并辅之以多媒体手段教学，使思想政治理论课的趣味性得以增加，但仍旧没有摆脱高校思政课堂教学单向授受的状态。只有改进高校思政课堂教学主要手段，注重对学生学习积极性的启发和引导，才能从根本上解决这一疑难问题。

3. 学术研究重理论轻实践

虽然学术研究与行动研究不能混为一谈，但二者绝不是对立关系。一般情况下，高校思想政治教育的学术研究者也是行动实施者，行动研究与学术研究的结合是高校思想政治教育研究方法科学化的前提条件。单方面重视行动研究而忽视学术研究，会使实际行动缺乏理论基础，降低行动的实效性。反之则会使学术研究脱离实际情况，理论的科学性随之大打折扣。当前我们面临的现状是后者。尽管高校思想政治教育处于专业化发展的新时期，但思想政治教育的学术研究方法仍停留在重理论、轻实践的阶段。理论研究者一味重视其知识体系构建，不能很好地将其与实际行动结合在一起。

4. 缺少对教育评价体系建设的反思

（1）评价结果缺乏数据统计

评价指标的多样性使评价结果拥有多重性，每一种评价结果都能够反映思想政治理论高校思政课堂教学中存在的某方面疑难问题。但事实上，未经数据化的评价结果是不具有科学性的，无法加以系统梳理和概括。例如，期末考试中，在试卷具有良好的信度、效度和区分度的前提下，计算不同分数区间内学生数占学生总数的比例，能够更清晰地反映高校思政课堂教学的有效性，为日后教学计划的制定提供参考。如果不这样做，仅仅通过试卷评阅得出每一个学生的分数成绩，此次教学评价的结果则是不全面的。

（2）高校缺乏教学评价的激励机制

无论教育者还是受教育者，都需要激励机制去调控教学过程的能动性。当然，我们并不否定教育者的职业道德，但客观上讲，激励制度与教学效率之间必然成正比关系。如果将思想政治理论思想政治教师的考核评估体系与教学评价结果相关联，评价结果较好的思想政治教师能够在物质上和精神上得到肯定，教学评价结果的利用效率将会大幅提升，数据化了的教学评价现象才能得到反馈，用以参考今后的教学实践活动。

（三）教学内容和目标脱离实际

高校思想政治教育大多拘泥于纯理论操作和空洞的说教，只是简单沿袭思想政治教育的教学传统，以培养纯粹理想化的德育模范为目标，教学中也只是片面的注重整体性，对学生的差异性和实际生活关心较少，造成教学与生活的脱离，难以引起学生的共鸣，况且培养完美的道德模范本来就不太现实。此外，教学手段相对单一，教学思想相对陈旧，教师自身在教学实践中也缺乏应有的激情，对新时代大学生对于思想政治诉求的关心和理解得不够，不仅弱化了思想政治教育的功能，而且容易令高校在校生对思想政治教育产生厌烦和抵触心理。在高校思想政治教育课程中，"教"与"学"的整体积极性不高，教学互动也非常少，多数大学生听课的主要动力仅仅是因为老师也许会随堂点名，并且逃课的风气也比较严重。

随着改革开放以来，物质生活的丰富和享乐主义、拜金主义等价值观的刺激下，整个社会的价值观呈现出一种功利主义倾向。首先表现在屈服于日后的就业压力，个别高校以学生高就业率为导向，仅仅重视专业知识和技术的教学，严重忽略了思想政治教育。其次，思想政治教育师资队伍仍然没有形成高水准专业化，受功利思想的影响，还有一部分教师存在专业能力较差、学术态度不严谨等现象，在教学中缺乏热情，有得过且过、敷衍了事的心态。还有一些教师只是把教育仅仅当成工作来对待，至于这份工作蕴含着的崇高意义和自己所担负的使命则丢之脑后。

不仅如此，中国传统文化的精髓在高校思想政治教育中长期缺失是高校思想政治教育中最突出也是最根本的问题。中华文化注重美德，尤其是儒家思想，对德育十分重视。孔夫子曾说过"志于道，据于德"，认为人们必须"践仁成人"，"仁"是统一了"立德"和"立功"两方面的最高道德标准和价值标准。历代儒家大师继承了重视德育的思想，每有独到的教育思想和见解，这些内容丰富，思想深刻的理论即使放在瞬息万变的今天也并不显得过时，对于高校思想政治教育进行创新和发展具有极高的参考和学习价值。

在高校思想政治教育课程中，马克思主义思想政治教育理论不仅是基础，也是教学的核心内容，道德教育的内涵包括马克思主义世界观、价值观教育，爱国主义教育，公民法律教育等内容，但这些仅仅是作为社会主义精神文明建设理论的某种补充。思想道德教育和儒家德育思想有着渊源关系，高校思想道德教育长期处于边缘地位，导致儒家思想为代表的传统文化关于道德教育的理论与成果极少在高校思想政治教育课堂出现，使得高校学生对于传统伦理道德思想长期漠视，忽略了其中的有益成分。高校思想政治教育在进行道德教育实践中，往往因为不能解放思想，突破无产阶级理论和党建理论的影响，在德育实践中往往以塑造"高大全"式的形象而脱离传统，脱离实际，严重影响了教学目标的实现。在思想道德方面，儒家以"修身、齐家、治国、平天下"为价值取向，追求"天人合一"的理想人格，以"中庸"为至高的道德和评判标准，重伦理、重礼制，有刚健有为、自强不息、积极进取的"入世精神"和"重义轻利"的价值观；而道家崇尚"道法自然"，强调做事遵循自然规律，人与自然和谐相处……这些又恰恰都是高校思想政治教育中未能充分引入的。当前，适逢"国学热"大浪的兴起和精神文明建设的大繁荣时期，为积极研究、认真审视儒家思想的有益内核来促进和促进高校思想政治教育工作不断前进提供了有利条件。

四、高校思想政治教育中出现的问题

当前,我国的思想政治教育取得了长足进步和丰硕成果。但也存在一定的问题。一般来说,思维的起点决定思考的结果,把握概念应该从问题着手。无论是从理论上深刻理解高等学校思想政治育人体系,还是在实践中扎实推进高等学校思想政治育人体系,都必须明晰高等学校思想政治育人体系的问题指向,从而精准把握高等学校思想政治育人体系的实践要求。也就是说,我们绝不能仅仅把高等学校思想政治育人体系作为一个新概念和新术语来看待,而应清晰把握高等学校思想政治育人体系意欲破解的思想政治教育目前面临的哪些困境和问题,思考高等学校思想政治育人体系如何才能提高思想政治教育的针对性和有效性。为此,作为高等学校思想政治教育工作者,应该以学生为核心,逐步从思想、理念、主要手段等多方面来进行体系的构建、创新与完善,调动学生发展的能动性与发展的创造性,以人性化、个性化的主要手段来对学生进行教育与指导,帮助学生更好、更全面地发展。下面我们来具体分析一些思想政治育人体系的教学现状。

(一)高校大学生的参与感不强

高等学校学生是作为具有独立自主意识和基础知识储备的个体,其知识的吸收和理论的建构不是一个单向度的被动接受过程,而是在对所接触信息的理性选择中发展培育起来的。

虽然在思想政治教育的理论研究和探索中都对学生这一对象的主体地位给予了充分的肯定和拔高,但事实上在传统教育思想、灌输式的影响下,高等学校学生在思想政治教育工作中往往参与感不强,缺乏自觉主动的学习动机。

同时,在社团活动中,受管理体制的束缚,学生自身的兴趣和需要得不到充分满足,不利于培养学生的组织、协调、创新能力,充分发挥其作为主体的主观能动性。此外,对于学生思想政治素养的评价很多时候还停留在考试的层面,这也导致高等学校学生难于提升起自己的主动性,不能参与到教学活动中。

(二)思想政治教育实施者的不足

思想政治教育实施者自身或者说受到外部条件的制约还存在很多的不足,具体来说,主要包括以下方面。

1. 缺乏主动性

高等学校思想政治教育实施者主要包括思想政治理论课高等院校教师、专业课高等院校教师、辅导员、党务工作者、管理、服务人员及学生。这些人员的自身发展主动性不足。这些人员能否明确自身角色定位，充分发挥积极性、主动性和创造性关乎高等院校思想政治课教学的成效和队伍建设质量，但当前部分人员的自身发展主动性不足，表现在很多的方面。

最明显的是他们作为育人主体的育人热情尚未完全唤醒，育人的主体性、能动性发挥受限。辅导员、班主任作为高等学校学生成长之路的引领者、指导者，被事务管理者角色所替代。在处理班级和学生的日常事务时也只是就事论事，对当下产生的结果进行处理和止损，而对事件发生的背景、过程、推动因素和其中暗含的思想行为倾向关注较少，实质问题得不到根本性的解决；党务工作者在发展人才、制定活动计划时疲于应付过于繁杂的流程，在唤醒校园特色、贴合人的全面发展规律，充分调动师生参与积极性这一方面的工作显得捉襟见肘。高等学校管理呈现"行政化"的特点，管理人员在日常工作中通常以稳定、有序、绩效为基本追求，在制度体系、管理主要手段的选择上尚不能满足时代和学生的期待和需求。高等学校在提升服务水平，推行服务社会化的过程中，忽略了后勤人员自身素质的建设。服务人员在市场经济的影响下，以利益作为工作导向，片面注重物质供给，忽视精神涵养。

笔者分析原因发现，在众多原因中奖惩机制不健全是很大的一个原因，导致他们创新动力不足。很多高等院校教师深陷"教"和"考"的小天地，无法准确把握思想政治课程的教学功能和育人价值，没能跳出教育看教育。这样只会离"立德树人"的使命和促进学生自由而全面发展的目标渐行渐远。

2. 高等院校教师不够重视

首先，思想政治理论课高等院校教师和专业课高等院校教师在教学和科研的双重压力下，任务繁重，始终以教学大纲、书本内容为依托，以传统考试为主要落脚点，以专业知识、技能教授为本位。对学生个体需要的认识理解不到位，将"育人"这一过程异化为机械的传递、灌输的行为，不利于学生的全面发展。

高等院校思想政治教师是思想政治队伍建设的主体，充分发挥其主观能动性，全身心投入到队伍建设，不仅对自身专业化成长极为有利，而且对推进高等院校思想政治课改革创新也有重要的作用。意识引导行动，高等院校思想政治教师除了教授理论知识外，还肩负着立德树人的使命，承担着人生导师的角色。但目前存在部分高等院校教师发展动力不足，表现为思想上不够重视，责任意识淡薄，工作标准不高，没能认清自身角色定位，对党中央和地方教育行政部门下发的关于高等院校思想政治课教师队伍建设的政策文件和新课程标准没能真正领会其核心要义。

其次，很多时候，高等院校思想政治课教师忽视了自身角色的政治属性。要让懂政治的人讲政治，让有信仰的人讲信仰。高校思想政治课是教育的重要组成部分，倘若高等院校思想政治课教师从内心深处并非真正认同、理解、把握所讲授的内容，自身理想信念都不够坚定，无疑会减弱这一传导的力度，从而影响教育效果。高校思想政治课具有鲜明的政治意识形态教化功能，要求每一位高等院校教师都应该树立政治信仰，坚定政治信念，具备较高的政治素质，学懂弄通政治理论，将政治性放在首位。然而，当前很多高等院校教师忽视了思想政治课的政治属性，没能认识到思想政治课是对高等院校生价值引领、人格塑造的关键力量。

笔者经过调查了解到，出现上述问题的原因之一在于高等院校思想政治课教师工作任务繁重。经分析，很多高等学校的高等院校教师认为他们发展的主要瓶颈是大量的时间耗费在应对学校检查上。这也是很多高等院校教师在教学工作中感到最苦恼的事情，他们觉得自主时间较少，学习时间不够，学校琐事工作太多，影响教学工作。这说明当前高等院校思想政治教师面临学校琐事繁杂的现状，没有充足的时间和精力投入到教学工作中去。

马克思对精神生活的重要论述中就强调，只有精神生活的自由发展才是全面的发展，因此，高等院校思想政治课教师要不断丰富精神生活。近年来，国家积极倡导为高等院校教师减负，大幅精简文件和会议，但落实成效欠佳，这都是高等院校思想政治课教师发展主动性不足的影响因素。

五、思政教育面临的外部挑战

某些实质性变化具有牵一发而动全身的功用，进而引发一系列新行为、新动向，高等学校思政教育作为高等教育的重要组成部分以及国家安全工程的基础性实践，面临着一系列挑战。

（一）全球化、网络化的影响

毫无疑问，全球化、网络化在成为推动人类社会整体进步的重要力量的同时，也必然带来一些负面问题。那么，应该如何看待全球化、网络化发展对我国高等学校意识形态教育的影响呢？对此，我们应该对这一问题保持两个认知，一是客观认识全球化、网络化发展是不可逆的历史进程；二是理性接受全球化、网络化发展对我国高等学校思政教育的冲击。

全球化、国际化教育带来了有利条件，国外的教育模式、教育方法，可作为对比的教育资源等。但事实上，全球化、国际化意味着教育大门的开放，伴随着"胡萝卜"而来的，还有一些对高等学校思政教育具有严重消极影响的意识形态"大棒"。因此，我们必须用辩证唯物主义的精神清醒认识全球化、国际化对我国高等学校思政教育的作用。

全球化、网络化发展是客观历史进程。每一生产主要手段的革命及其成为社会决定性生产主要手段的出现，都决定着人类社会形态、性质的变迁。刀耕火种的生产主要手段是原始社会存在的基础，铁犁牛耕孕育封建社会的漫长历史，机器轰鸣的现代生产孕育资本主义文明，以网络为载体的人类社会新发展，是社会发展客观规律向前演进的结果。

伴随着我国全方位的和平崛起，我国在国际事务中扮演着越来越重要的作用，正日益走近世界舞台的中央，成为全球化的有力推动者和拥护者，是逆全球化、各种保护主义的重要反对力量，这些都是历史的智慧和经验在今天的实践中的再现，只不过这一次中国不是被迫加入，而是有力主导者，全球化、国际化发展是我国力主的国际发展理念，更是趋历史之大潮的必然选择。

（二）各种不良思潮的影响

1. "新自由主义"的曲解

"新自由主义"是一种以经济理论面貌出现的意识形态理论，是披着学术性外衣的意识形态理论，具有极大的隐蔽性、迷惑性，尤其是高等学校学生中的青年学生往往受其蒙蔽而不自知，世界观、价值观因受其影响而逐渐偏离了社会主义核心价值观。客观地讲，新自由主义思潮推崇的个人自由、自我实现等观点及对私有经济的重视等，对我们有着一定的积极意义。但必须认识到，新自由主义在本质上是为资本主义服务的。

2. 历史虚无主义的影响

"历史虚无主义"表现在高等学校便是对当代高等院校的学生主流意识形态的影响。

正如晚清思想家龚自珍所言："欲知大道，必先为史；而灭人之国，必先去其史……夷人之祖宗必先去其史"。正如习总书记2014年12月13日在南京大屠杀国家公祭日仪式上所言，"历史不会因时代变迁而改变，事实也不会因巧舌抵赖而消失"。对高等学校学生而言，通过数年教育学习所习得的历史常识已经形成正确的历史观，对高等学校意识形态教育造成负面影响也是事实，这考验着高等学校如何巩固我国主流意识形态的防火墙，进而抵御历史虚无主义思想的消极影响。

第三节 大学生思想政治教育的内容和目标

一、大学生思政教育的内容

普通高等院校思政教育的内容也包括受教育者的自身思想需求。同时，也要注重紧跟时代的步伐，做到与时俱进。

（一）社会主义核心价值观的培养

社会主义核心价值观作为社会主义价值体系的核心内容，不仅是一种社会价值理念，更是人们的行动指南。培养和践行大学生社会主义核心价值观，既是党的重大决策，也是思政教育的重要内容。它突出了大学生对国家未来发展的重要性和对大学生进行社会主义核心价值观教育的必要性。"勤学、修身、明辨、笃实"的社会主义核心价值观教育要求学生学好知识，提高自身道德修养，树立正确三观，明辨是非，并在实践中提升自己。普通高等院校大学生必须从现在做起，根据以上要求严格要求自己，并在未来身体力行投身到国家和社会建设中。

（二）传统文化的继承和发扬

一个国家的文化是这个国家的历史发展以及具体国情的体现，我国的传统文化代表了我国深厚的历史文化底蕴，是我们国家和民族的精神和灵魂。我国文化经历了几千年的历史发展，是中华民族之根，我们要做到一脉相承，并将其不断发扬光大。在普通高等院校教育实践中，思政教育一定不能脱离传统文化的教育，让教育实践中让大学生在了解中华文化的基础上实现更好的传承。我们在对传统文化的继承和发扬过程中，我们要始终坚持批判性继承和创新的态度，使中国传统文化在当代青年心中扎根，内化为气质，外化成为人处世之道，在新的时代呈现出新的生机、焕发新光芒。

（三）爱国主义的培养

爱国主义教育是国家稳定发展、历史向前推进的巨大精神力量，是一种集热爱祖国、报效祖国、忠诚于祖国的思想、意志、情感于一体的社会意识形态的体现。在新的历史时期和时代背景下，爱国主义教育依然很重要。普通高等院校爱国主义教育主要体现在对党史、党情、国史和国情等方面的基本知识的学习，也包括民族团结和国家统一等国家安全方面的教育。习近平同志指出，爱国主义教育就是要不断强化大学生的爱国意识，使其内心对祖国有强烈的归属感。因此，爱国主义教育不仅有利于学生自身的发展，培养其爱国主义情怀，更是关乎国家未来的前途命运，为未来能够稳定发展扎实根基。

（四）理想信念的树立

理想信念的树立这是普通高等院校必不可少的教育内容。党的理想信念就是共产主义，正是因为有着坚定不移的信念，我们党才能够克服一个个疑难问题，取得革命、建设和改革的胜利，我们国家才能够应对一次次的挑战，在排除困难、有效解决疑难问题的过程中，实现国家稳定发展。对于普通高等院校大学生而言，也必须拥有坚定而正确的理想信念，才能在未来握好国家发展的接力棒朝着正确的方向不断前进。大学生是国家发展的中坚力量，关系着未来国家的发展。

（五）世界观的培养

人们对世界的根本看法和观点，反映了人们对人与世界的关系、世界的本质、人的生存价值和地位等一系列基本疑难问题的看法。普通高等院校大学生正处于树立正确世界观的重要时期，必须以科学理论为指导。马克思主义作为党的指导思想，也是党制定政治目标、确定政治方向的基础。我国的普通高等院校始终坚持红色旗帜的引领，因此，思政教育的世界观教育内容是马克思主义科学理论教育。它包括辩证唯物主义、马克思主义认识论和历史唯物主义的哲学原理和方法论指导，以及马克思主义中国化的具体内容。习近平多次强调，坚持以马克思主义理论作为社会主义现代化建设的指导思想，坚持进行马克思主义的理论教育。大学生是国家未来稳定发展的重要力量，他们必须接受科学理论教育，提高政治素养，明确政治立场，为国家和社会的未来发展做好准备。

二、思想政治教育的目标

（一）思想素质目标

要坚定贯彻马列主义、毛泽东思想、邓小平理论、三个代表重要思想、科学发展观、习近平新时代中国特色社会主义思想，明确辩证唯物主义的思想，树立正确的三观，在生活中不断锻炼自己，尝试运用马克思主义的主要手段进行思考和判断；培养集体至上的三观，批判享乐主义和拜金主义，明确个人利益要奉献国家利益的思想，对建设富强祖国充满信心和力量，为祖国燃烧才是青春最好的正途。

（二）道德素质目标

以集体利益为最高荣誉，个人利益要服从于集体利益，坚信团队合作的重要性和必要性；吃苦耐劳、勤俭节约，在生活学习工作中做到艰苦朴素，享乐在后；遵守法律、热爱国家、懂礼貌、讲诚信，为人团结和睦；积极进取，思想要具有正能量，用乐观豁达的心态面对生活，对于事业和学习要充满干劲，秉持着严肃认真的态度，能听进各方的意见和建议，吸取批评中的精华，努力完善自己的道德修养。

（三）政治素质目标

对于我国的国史和国情要了然于胸，对于我国传统文化的优秀之处要加以发扬和继承，不忘初心，坚持共产党领导，继承先辈的革命斗争精神和传统，坚决维护祖国统一和团结，将祖国的利益和荣誉放在心中首位。具有献身祖国、报效人民的思想觉悟，坚定拥护党的领导和国家的政策方针，做忠诚的爱国主义者。

（四）法纪素质目标

要致力于弘扬全民民主法治的风气，自发学习我国宪法，能够做到正确行使公民权利，维护公民利益，履行公民义务。要从根本上培养高校大学生的法律意识，教导学生做到自我约束、自我管理，能够运用法律武器做出正确的判断和决策。培养学生的勇气和承担挫折的能力，在内遵守校规校纪，在外遵守社会公德和法律法规，自觉主动帮助维护学校和社会的公共秩序，深刻领悟法治社会的建成需要每个人的努力，要让法治变为信仰融入高校大学生的思想道德教育中去，才能让思想转化为实际行动，让法纪素质教育贯穿始终。

（五）心理素质目标

心理素质是一个人心理过程和心理特征的体现，是衡量每个人在情感、意志、性格、行为等方面的综合标准体系。要培养高校大学生形成坚强、自爱的性格，增强他们的抗打击和受压能力，使其具有比较好的自我调节能力，这将有利高校大学生未来的工作、事业、婚姻、家庭等，保证他们在遇到挫折时可以不丧失勇气和信心，不断努力去改善困境，拥有良好的心态，从而拥有良好的人生。

第四节　大学生思想政治教育的重要性

一、高校思想政治教育的内涵

思想政治教育，可将其理解为借助于相应的思想、政治、道德观点与规范，给社会中的成员产生相应影响，此影响并非是混乱的、随意的，而是具有相应的目的性、计划性，进而使得社会中的成员按照社会管理人员所希望的方向发展，对社会发展起到有力的推进作用。目前，国内各大高校对于学生思想品德方面所开展的教育，主要是从马克思主义、毛泽东思想、中国特色社会主义理论体系方面进行，借助于上述主要手段来强化学生素养，使其建立起更为完善的人格，积极践行自身在社会中的责任，并树立起为人民服务的理念，进而给社会发展做出相应贡献，更好地推进社会主义发展目标的实现。并引导学生坚定社会主义信念，在社会主义发展道路中建立起文化、道路、理论、制度自信，强化学生爱国情怀，进而实现中华民族伟大复兴。

大学生思想政治理论课是我国所有高校的公共必修课程，一般在大学时期的前两个学年开展，主要目的便是实现对大学生思想道德素质的强化，使其获得全面发展。一方面，满足"重要课程最先讲"的课程设置思路，另一方面，为学生正确理解专业课的内容与要求，形成正确的职业道德观念打下坚实的基础。

目前我国大学生思想政治理论课教学一般分为两个阶段，一是通过课堂上大学生对于课本知识的学习与理解，以及教师的正确引导与讲述来展开，结课后会组织专门的期末考试以检验大学生的学习成果；二是要求大学生在结束课程的学习后，利用寒暑假期，以个人或小组的形式，自定项目，深入社会开展社会实践，通过服务社会践行所学知识，使得思想政治理论课的内容真正入脑、入心、入行，并要求每个大学生撰写社会实践报告，教师对实践报告打分来检验大学生的实践成果。

在新时代背景下，高校思政工作的开展，与人才培养目的、主要手段、标准等方面之间具有较大关联，思政教育工作的进行，就需建立在人才培养的基础上进行，要做的以人才培养为中心。此外，在我国发展进程中，所对应的历史、文化具有较高的独特性，这就意味着在教育方面，同样需要结合我国实际国情进行开展。思政教育，从本质上而言便是育人，因而需要做到围绕、服务学生，以实现对学生素养的强化，提升学生政治意识，强化学生道德品质，将其培养成全面发展的人才。

思政课是落实立德树人根本任务的关键课程，发挥着不可替代的作用。从十八大开始，国家对于思政教育方面的重视度便逐步提升，同时在此方面制定了相应的实施方案，要求全国各个地区能够对其进行认真落实，进而使得思想政治教育工作开展取得较好成绩。

二、高校思想政治教育课程的主要意义

教育是驱走蒙昧的一盏灯，它引领人类走上逐渐完善的阶梯，不仅给予人们知识的力量，而且给人们带来精神领域的审美享受，从而持续促进了整个人类文明的不断前进与发展。教育既包括知识、技能的传授与培训，也包括思想道德的教化，前者可以提高人类的生存能力，从而改善整个社会的物质生活水平，而后者能够在人们的心灵和精神领域播下善的种子，指导人们成为区别于野兽的真正的"人"。

从世界范围内早期教育的产生和分布情况来看，古今中外的人们对教育的重要性显然有着深刻的认识。随着时代的发展，教育所担负的责任和要求并没有减少，尤其是精神领域的公民素质教育更是被世界各国所重视。就世界范围内，有许多著名的学者和教育家都曾对诸如"公民教育""道德教育""政治教育"等类似思想政治教育的课题进行了大量卓有成效的研究和论述，例如，美国的教育家杜威著有《道德教育原理》，英国的理查德·彼得斯著有《道德发展与道德教育》等许多国家和地区还在高校课程设置中都专门开设有道德素质课程．例如，韩国和日本都开设有公民素质课，二者被认为是传承于中国古代的儒家道德教育。

马克思主义学说是以人的自由而全面发展为核心的，马克思主义理论在中国化的过程中经历了中国革命和建设的认识实践过程，最终形成了划时代的马列主义、毛泽东思想与中国特色社会主义理论作为党和国家重要的指导思想。其中，高度重视思想政治教育工作是我党在革命和建设过程中始终坚持的政治优势和优良传统。在高校开展马克思主义思想政治教育，既是对中国传统文化中德育思想的辩证继承，也是我党宣传马克思主义，培养社会主义建设人才的一大创举。简单来说，高校思想政治教育课程的实质是一种将经过长期认识和实践中得到的正确的、积极向上的社会观点、思想道德规范以及政治准则传授给高校在校生，以

期帮助提高受众的思想道德水平和政治品格的实践活动。高校思想政治教育以促进学生的全面发展为主要目标，在他们学习知识和掌握技能的同时，主要以马列主义、毛泽东思想与中国特色社会主义理论来帮助完善各自的人格，不断提高其修养，最终培养成为合格的社会主义建设者和接班人。

高校思想政治教育的意义是广泛而深刻的，首先，最显著的是提高在校生的政治素养和道德情操，并在当前包罗万象而内容良莠不齐的网络信息时代稳定他们的政治心态，逐渐形成成熟而完备的价值观、人生观和世界观，既能看到社会上存在的主流的、成功的一面，又能辨清负面的、阴暗的一面，从而使他们能拥有一个健康积极的心态来应对学习生活与社会生活中发生的具体事件和处理身边的人际关系，最终成长为马克思所说自由而全面发展的人。其次，中国特色社会主义事业的建设和当今世界地区间激烈的竞争对于高素质高修养的人才有着强烈的需求和呼唤，高校思想政治教育正是担负着培养高素质人才的重担，在帮助在校生形成成熟的价值取向的同时，强调道德修养和帮助其建立道德评价标准，从他律转向自律，一旦形成了以成为优秀的道德标兵为荣的价值取向，他们会自觉、自愿的融入各种环境中，与他人一起投身于社会主义的物质和精神建设中，同时，他们强烈的道德荣誉感也会逐渐感染到周围的人，从而促进整个社会的物质文明与精神文明不断繁荣。最后，基于以上两点，他们的政治参与热情也会提高，当这样一批批既拥有良好修养和高道德评判标准也拥有高知识和技术水平的人参与到公共政治生活中去时，我国的政治文明也必然会有更大的繁荣。

第三章 中国传统文化与高校思政教育的关系

　　思想教育、道德教育一直以来都是中国传统文化的重要组成部分，也可以说中国传统文化为思想道德教育提供了理论基础和重要养分。比如，一般认为，我们常说的"道德"一词正来源于道家老子的《道德经》；而儒家思想中也包含了大量与品德相关的内容，比如儒家提倡的"德政""仁政"就是对道德最好的体现。而高校思想政治教育的主要目的是立德树人，提高大学生的道德品质，所以我们有必要加强对中国传统文化与高校思政教育关系的分析。

　　本章内容正是对中国传统文化与高校思想政治教育关系的论述，其内容包括中国传统文化的思想政治教育价值，中国传统文化融入高校思政课程的必要性和重要意义，中国传统文化与高校思想政治教育在各方面体现出的契合性，以及传统文化对高校思政教育的影响，等等。研究这些内容，以为落实中国传统文化与高校思政教育结合的这一教育理念和模式奠定基础。

第一节 中国传统文化的思政教育价值

一、中国传统文化的核心价值及思政教育价值

（一）中国传统文化的核心价值

1. 蕴含中华民族的传统美德

　　中国传统文化一大核心内容就是儒家文化，儒家文化的核心就是伦理道德，这样来看中国传统文化正是传统美德的集中体现。孔子强调必须要在知识学习之

前修养个人品格，曾经说过"弟子入则孝，出则悌，谨而信，泛爱众而亲仁，行有余力，则以学文。"①《资治通鉴》中，司马光也曾论述衡量一个人要以德行为本，"才者，德之资也，德者，才之帅也。"②"仁、义、礼、智、信"正是儒家道德的集中体现。现阶段实现自身发展也必须要完善人格修养，学习和积极传承中华民族传统美德。高校育人的根本目标是实现"立德树人"，重在培养具有较高道德水平的高校大学生，这与中国传统文化强调完善人格修养相一致，能够起到极大的促进作用。

2. 蕴含团结爱国的民族精神

在整个中国传统文化之中都始终贯穿着爱好和平、团结统一等中华民族精神，作为传统文化的核心——爱国主义精神在现代思想政治教育中也发挥着至关重要的作用。一方面，能够让学生通过多种艺术形式来了解传统文化的深刻内涵，有利于增强文化意识和提高使命感；另一方面，帮助学生建立独特且深厚的民族情感。在展开思想政治教育实践活动中，主要形式包括学习唐诗宋词等文学作品，感受民歌、曲艺等民间艺术。通过以上实践活动能够帮助学生提升民族意识，深化爱国主义教育。以爱国主义为核心的民族精神是培养当代高校大学生的重要内容，与中国传统文化的爱国精神一脉相承且具备独特的时代特征，我国高校十分重视高校大学生社会实践活动，开展中国传统文化教育工作，增强高校大学生责任意识以及爱国精神。在古代有许多文人志士都对爱国主义精神进行了充分歌颂，例如，"亦余心之所善兮，虽九死其犹未悔"③"人生自古谁无死，留取丹心照汗青"等。

3. 蕴含自强不息的理想信念

"天行健，君子以自强不息"。从古至今，中华民族始终推崇的理想信念以及道德传统就是自强不息。做人必须要坚韧不拔，敢于拼搏。此类精神也曾被孟子和孔子积极倡导，"发愤忘食，乐以忘忧，不知老之将至云尔。"④现阶段，实现中华民族伟大复兴的中国梦是我们的最终理想，追求这一理想需要全国各族人民不懈奋斗，顽强拼搏才能够实现，优秀传统文化自强不息的崇高理想信念体现了我国人民自古以来的奋斗精神，这对激励当代人民团结奋斗有着十分重要的

---

① 引自《论语·学而篇》.

② 引自《资治通鉴》，（宋）司马光著.

③ 引自《离骚》，（战国）屈原著.

④ 引自《论语·述而篇》.

意义。

（二）中国传统文化的思政教育价值

我们必须了解传统文化在当代的价值作用，积极汲取其精华内涵，探索其与高校教育的结合点，进而合理高效运用到高校思政教育当中，不断激发其在大学生思政教育中的创造力。

1. 是高校思政教育深厚的理论资源

我国作为四大文明古国之一，也被称为"礼仪之邦"。在悠久的历史发展中形成了许多的优良传统，这些优良传统在今天仍然具有强大的生命力和教育意义，因此大学生思政教育加入中国传统文化内容则更具有理论性和实践性。首先，它能够激发学生对祖国的强烈认同。匹夫有责的顾炎武、精忠报国的岳飞、血染黄海的邓世昌等爱国将士数不胜数。他们将个人理想与国家命运紧紧绑在一起，在国家危难之时甘愿付出自己的一切。其次，能够提高他们高度的自觉性。"欲治其国者，先齐其家；欲齐其家者，先修其身；欲修其身者，先正其心。"[1]告诫我们应表里如一、严格要求自己。朱熹也曾说："日省其身，有则改之，无则加勉。"在新时代条件下，应学会"自我批评"、自觉"照照镜子"，及时发现自己的不足，不断改进自我、完善自我。再次，有利于培养其积极进取的人生态度。"精卫填海""愚公移山"，古人为了发奋学习"凿壁借光""闻鸡起舞"甚至"头悬梁锥刺股"等这些都生动表现出中华儿女奋发图强、克难奋进的可贵精神。同样，虽然我们现在的生活水平提高了，但我们不能忘本，应将这种精神潜移默化地深入到生活的方方面面，运用到思想政治教育当中，不断坚定他们的理想信念，潜移默化地引导学生培养努力进取、奋发踔厉的人生态度，这样才有利于大学生在困难面前越挫越勇，能够坦然面对各种失败与挫折。最后，有利于锤炼大学生的高尚品格。我国自古以来注重培养个人美德与高尚品格，而我国的传统文化当中更是积淀着丰富的德育理念。"常成于勤俭而败于奢靡"的勤俭节约、"闻鸡起舞"的艰苦奋斗、"精诚所至，金石为开"的诚实守信等这些优良美德造就了孔融让梨、凿壁借光、精卫填海等千古称颂的故事。因此，将这些优良美德深度结合到当代高校德育教育中，能够不断锤炼他们的高尚品质，激励他们在奋斗的路上坚守本心并不断勇往直前，努力创造他们自己的人生辉煌。

---

[1] 引自《礼记·大学》。

2.是滋养社会主义核心价值观的重要营养

我国的传统文化对于当代人们价值观的重要引导作用。首先，它是核心价值观重要的营养来源。纵观历史，封建统治者关心民政、体恤民情，爱国人士更是数不胜数，祖祖辈辈则教导我们要诚实守信……这些都是值得汲取的精华思想，都是当今时代核心价值观需要汲取的思想营养。根之茂者其实遂，如果没有了这些文化积淀，国民则难以形成强烈的文化认同感，难以形成强大的文化实力，更难以走上世界文化舞台中央。因此，我们必须在不断完善和发展过程中汲取这些思想营养。其次，当代核心价值观的提出是中华优秀的文化积淀与我国实际国情相结合的创新与凝练。我国传统文化以其独特的理论体系、宝贵的思想价值，对不同层面的内容都有着深刻影响。

二、中国传统文化融入高校思政教育的必要性

（一）有利于促进中国传统文化的传承

文化传承对任何一个主权国家来讲都是至关重要的。对于拥有高素质、高文化底蕴的高校大学生而言，他们有必要且有能力承担起中华优秀文化传承这一伟大任务。对于高校而言，为了充分发挥中国传统文化的教育作用，应该将其作为思想政治教育的一大重点，让更多优秀的高校大学生能够积极担负起这一责任，使中华优良传统发挥至极致。现阶段，在看待人生这一严峻课题上，许多高校大学生的处事态度就是游戏人生，认为人生虚无。但是我们需要深知，国家的灵魂就是传统文化，也因此产生了伟大的民族精神，如果高校大学生这一优秀群体能够积极投入到传统文化的探索和学习环节当中，不论是对于个体能力还是社会发展都将产生极大的推进作用。我们应该居安思危，应该在高校大学生内心深处树立爱国精神，大力传承和弘扬中国传统文化。

（二）有利于丰富高校思想政治教育的内容

中国传统文化是几千年来中国文人志士所积累的智慧结晶。所以在对高校大学生展开思想政治教育时，应该将不同形式的哲学思想、观点充分融入进去，这有利教育资源的丰富、高校大学生思想政治水平的提升。同时不论是在社会生活中、现代文化、还是个人建设环节中都可以充分应用传统文化，发挥最大价值和作用。因此对各个高校而言，为了能达到更好的教育效果，就更要充分融合传统文化教育以及思想政治教育。

众所周知,对高校大学生进行思想政治教育具有深远的意义。丰富多样的中国传统文化在五千年的发展历史中逐渐形成积淀。其中不乏一些集体主义、爱国主义等优秀文化精神,同时也存在一些封建迷信的陋习。学习中国传统文化能够帮助更多的高校大学生意识到并感受到这些文化,养成明辨是非的能力,而不是对"古圣"等思想全力追崇或全力打压。如果在思想政治教育体系中能够有效且充分融合中国传统文化的丰富内涵和精神,对于中国传统文化道德体系的发展壮大以及思想政治教育的价值的提升都将产生极大的推进作用。对于高校大学生而言,不断在思想政治教育工作中渗透中国传统文化知识,一方面,有利于个人价值观的正确形成,对一些优秀思想理念产生更深刻的印象,真正做到仁爱、守信、正义等;另一方面,还有利于立德树人价值理念的培养。

(三)有利于培养学生的民族自信和自豪感

爱祖国的璀璨文化以及大好河山都是爱国主义的体现。关于这一情感的论述列宁曾表示,自己对祖国亘古不变的感情就是爱国主义。[1] 中国拥有着几千年的历史,之所以它能够生存发展至今,其中一大关键就在于民族凝聚力,这也激发了不同时代人们敢于拼搏、勇于斗争的强大力量,其始终作为一大精神支柱隐藏在中华民族所有人的内心深处。民族凝聚力离不开强烈的民族自豪感,一旦两者脱离关系,那么社会重心也将会产生严重偏移。对中国人而言,中华民族伟大复兴"中国梦"必须要由也终将由充满斗志的中国人所实现。

改革开放之后,科技进步,经济增长。近几年来,在一些青年群体当中,对西方洋节日的重视程度甚至超越了中国传统节日,更愿意去过西方情人节、圣诞节等。在这一背景条件下,如果在高校大学生思想政治教育中有效融合中国传统文化,能够对及时且有效制止以上形势,这就要求各个高校对传统文化教育高度重视,同时还要针对不同高校大学生群体开展相关主题教育,促进高校大学生爱国主义精神的培养。

三、传统文化资源对思政课的重要意义

(一)以爱国主义情怀培养大学生的民族精神

对于民族精神而言,爱国主义是核心。在中国传统文化中,可将爱国主义视

---

[1] 引自《列宁全集》.

为精神支柱所在，正是由于爱国主义精神的存在，才能实现对整个民族的有效统一，提升民族团结性，并使得中华儿女积极投身于祖国发展的事业中，为祖国发展而努力。由此可知，中华民族精神，便是以爱国主义为核心，爱国主义精神将同胞兄弟紧紧地团结在一起，同时给国内一代又一代民众产生了显著的激励作用，极大推进了祖国发展。

爱国主义精神是中华民族繁荣、充满生机与活力、始终屹立于世界民族之林的核心力量。中国传统文化对于国内民众而言，具有极为重要的作用。例如，表达爱国主义情怀的"天下兴亡，匹夫有责"等内容，在当前思政教育中依然处于重要位置。不管是对屈原还是文天祥，均在爱国情怀方面书写了著名篇章。对于这些历史名人所留下的诗句进行阅读，能够极大地提升学生爱国热情，同时使其产生更高的民众认同感。尤其是在现代化的时代背景中，强化学生爱国情怀，能够对社会主义建设、助力实现新时代中国梦产生极其重要的现实意义和深远的历史意义。

（二）以自强不息信念培养大学生的进取精神

中华文明发展至今，所对应的发展历史已有五千余年。尽管在此过程中经历了衰落与兴盛，但事实上并未发生中断，并且伴随时代变化得以逐步完善，创造了诸多文化奇迹。中华文明之所以能够获得长久发展，主要在于传统文化中所涵盖的"自强不息"精神，在这种精神的促进下，中华儿女在生活中锐意进取、发愤图强，针对生活中所遇到的一个个困难逐步对其进行克服的同时，又创造了辉煌，对中华文明发展起到了相应的推进作用。

《周易》中说，"天行健，君子以自强不息"。其表示的便是君子需要勇于进取、发愤图强，这就是对中华民族刚健有为、自强不息精神的集中概括和生动写照。孔子提倡"发愤忘食，乐以忘忧"的生活态度。与此同时，指出"饱食终日，无所用心"便是在虚度光阴。孟子提出"生于忧患，死于安乐"。也就是说，处于社会中的人只有经历苦难，才能获得较快成长，反之便会沉迷于享乐并逐渐颓废。

在中国古代，展现民众持之以恒、发愤图强精神的典故比较多，如司马迁撰写《史记》、勾践卧薪尝胆等，都是其坚韧不拔毅力的充分体现。通过对这些典故进行学习，有助于推进学生奋发图强，使其在生活工作中能够做到勇往直前。例如："百折不回""勤能补拙""一分耕耘，一分收获"等脍炙人口的经典语录，赞扬不断进取、不懈努力、奋发向上的品质。中国古代神话传说有"精卫填海""愚公移山"等，都能够较好地实现对古代民众创新、创造、持之以恒等精神充分展示。

在传统文化中所提到的"自强不息",同现代社会中对于公民在"自强"方面的要求之间具有较高的匹配性。在思想政治理论课中,通过对"自强不息"精神进行学习,阅读历史名人在此方面的典故,便可对学生起到较高的激励作用,提升其克服困难的意志与精神,树立开拓进取、锐意创新理念,以坚韧不拔的毅力来面对生活中的困难,同时为社会主义发展做出更多贡献。由此可知,将"自强不息"方面的内容渗入到高校思想政治理论课中,能够对学生道德教育的内容形成有益补充,鼓励学生继承并发扬这种精神,使其成为自我道德修养的首要品质,促使学生树立共产主义的远大理想信念,纵然道路曲折,也一定要勇于面对困难,善于创造,积极创新,创造祖国更加辉煌的明天。

(三)以优秀传统美德培养大学生的健康人格

中国古代德育思想的纲领性著作《大学》,在开篇就说明了其关于德育的目标,"大学之道,在明明德,在亲民,在止于至善。"其表示的含义便是大学教育的目的就是为了发扬美好品德,亲近民众,与民众和睦相处,在于达到最美好、最完善的道德境界。

《大学》提出的这三条德育目标是有机结合、紧密联系、不可分割的整体。这种统一构成了我国传统思想道德教育的总目标,说明在儒家思想看来,道德建设是位居重要位置的。对于中国传统文化而言,将真、善、美发挥到了极致,在上述方面具有较高追求,主要体现在天人合一等方面。例如,《周易》便对生生不息的精神进行了强调。"天行健,君子以自强不息"所表达的便是在生活过程中需要拥有积极的生活态度,养成良好的进取精神;"文质彬彬,然后君子"则是针对人格方面做出了较高要求;"先天下之忧而忧,后天下之乐而乐",要求个人成长需要树立起以天下为己任的精神。在历史长河中,已经有诸多文人在此方面进行了实践,给中华民族发展奠定了较好的文化基础,使得民众精神文化得以丰富的同时,精神素养显著提升。在人格塑造方面,真、善、美是关键,需要从这些方面对学生进行培养。无论是孔子要求的"仁、义、礼、智",又或者是孟子所提出的恻隐、羞恶、辞让、是非之心,均是民众生来便存在的,需在后天发展过程中对其进行转化,提升个人的道德精神。在此后的发展中,董仲舒扩充为"仁、义、礼、智、信",后称"五常"。"五常"是塑造人性品格的基本道德要求,对当代青年大学生有极其重要的教育意义。可以促使大学生拥有仁爱之心,在为人处世的过程中懂得处事得宜,懂得人际关系中的基本礼仪规范,能够提升学生明辨是非的能力,强化学生素养的同时,建立起正确的价值观。因此,新时期的高校思想政治理论课要充分挖掘传统文化所具有的价值,同时对其精华部分进行吸收,以提升教学效果。

(四)以诚信为本原则培养大学生的美好品德

"一言既出,驷马难追。"主要是对信守承诺这一美德的弘扬。传统文化中的诚信文化自身内涵丰富,在儒家文化中对个人品质具有较高要求,尤其是体现在诚信方面。在《尚书》中提到,"神无常享,享于克诚"。儒家文化认为,诚信是个人发展的根本所在,在个人成长过程中必须要坚持"言必信,行必果"。孔子对弟子的教育,同样要求其做到言行一致,在生活中要按照自己的想法做事,要求坦诚待人,在问题分析方面也需站在他人角度进行思考。有一部分学者针对儒家思想给予了相应分析,研究发现在儒家思想中所提到的诚信,主要集中在国君与臣子层面,要求国君对臣子给予较多的信任感,以更好地实现对官员的管理。也就是说,并未较多地涉及庶民方面。

然而,在《礼记·大学》中提到:"知至而后意诚,意诚而后心正,心正而后身修"。由此可知,对于诚信而言,是针对每一名成员所做出的要求,需要在格物层面做到"意诚",之后实现"心正",最终上升至治国平天下的精神层面。《礼记·礼运》中指出,在人际关系建立中,可借助提高诚信度的主要手段来实现对人际关系的维护与调节。在《论语·为政》中所提及的,"人而无信,不知其可也。大车无輗,小车无軏,其何以行之哉?"所表达的意思便是,倘若一个人在生活过程中没有诚信,便会寸步难行。"主忠信,无友不如己者,过则勿惮改。"通过对其含义进行分析可知,在儒家文化中对"信"极为重视,并将其视为自身道德修养的基础所在。在个人志向方面,需要做到内诚于心、外信于人,倘若能够达到这一境界,便可更为坦然地实现对人世间事物发展变化的应对。"诚信"也是中华民族精神中极其重要的内容,其内涵就是"诚实守信"。中华民族是崇尚诚信的民族,在求生存、求发展的历史过程中,视诚信为做人、立业和处世之本。对儒家文化而言,实际上表示的便是"信"文化,学生在学习、生活过程中,必须要做到诚实守信,这也是国家对其最为基本的要求。

基于此,在开展思想政治理论课时,就需结合诚信教育方面的内容,以实现对学生品行、意识的强化,强化学生在诚信方面的意识,同时也要使其认识到诚信对于自身发展的重要性,为诚信社会建设奠定良好基础。在近年来的发展中,社会中存在极为严重的诚信问题,亟须提升民众诚信意识。对大学生所进行的诚信教育,同国民素质提升之间具有显著性关联,同时也会影响到西方国家对我国民众的看法与评价,由此可知,大学生诚信教育开展极为重要。在高校教育中,向学生传输"诚信"意识，规范诚实守信行为，强化个人素养，有助建立更好的人际关系，并塑造出更具价值的人格。从社会层面来看，通过开展诚信教育，能够使得学生将其上升至道德领域，完善个人素养，这对大学生的成长是十分有益的。

（五）以脚踏实地作风培养大学生的务实精神

对于大学生而言，他们是社会发展的重要力量。在大学阶段，正处于生理与心理发展与完善阶段，接受新鲜事物的能力很强，但在不断接受新鲜事物的过程中常常会出现认识偏差，进而导致一系列问题的出现，比较常见的当属好高骛远、脱离现实等。这些问题的存在，将会给个人、社会发展造成不利影响。基于此，为实现对上述思想的充分纠正，便需借助中国传统文化来对其进行引导，使其树立实事求是的思想与求真务实的态度，这也是高校思想政治理论课的重要教学内容。传统文化针对民族精神的核心进行了记载，对大学生而言，同样需要对其在此方面进行完善。在高校思想政治理论课中，通过引入中国传统文化，能够更好地提升学生对传统文化的认识，了解中国历史发展情况，进而提升自身责任意识，同时对中国传统文化产生更高的认同感。在新的历史背景下，通过贯彻传统文化赋予自身的精神，来获得更高的责任意识与历史使命感，在工作学习中积极践行自身责任，将个人价值的实现同民族发展相结合，使得个人理想所对应的高度更高。这不仅是高校思想政治理论课教学形式和内容上的创新，也能为提升思想政治教育教学的效果提供依托。

第二节　中国传统文化与思政教育的契合性

一、传统文化与高校思政教育的契合性分析

对于中华民族文化而言，所对应的根与魂分别为文化、民族。在中国传统文化中所对应的思想政治教育方面的资源极为丰富，这就为传统文化融入高校思想政治理论课提供了可能；同时，因为传统文化所涵盖的思想政治教育方面的理念，同目前国家在思政教育方面所提出的目标、内容、方法等方面均具有较高的相似性，所以这种可能性就表现在二者在其教育目标、内容和方法等方面的契合上。

（一）育人目标的契合

在中国传统文化中，对人具有较高的重视度，特别是体现在个人精神发展方面。基于此，进而诞生了一系列重人生、讲人世的文化。早在中国古代时期，便有一

部分思想家针对人所对应的社会地位进行分析。中华文化始终强调"以人为本"。而且我国传统文化从根本上说属于伦理型文化，其中的很多观念都是以伦理为基础衍生出来的，因此，在传统文化中，道德教育是最重要的，也就是我们常说的"修身"。对于传统文化教育而言，就是建立在尊重、教化人性的基础上的，同时将教学目标设置为建立健全学生人格，提升学生道德素养。习近平总书记指出，目前国内各大高校所开展的思想政治教育，需要针对下述问题进行，即"要为国家培养哪类人才，用哪种主要手段培养，怎样培养"问题。与此同时，还需建立起"立德树人"思想，高校思想政治理论课是实现这一根本任务的重要途径。教育工作的开展，其目的便是为给社会培养出全面发展的人才。换句话说，就是在提升人员技术能力的同时，也要强化学生素养，使其拥有良好的道德品质与完善的人格素养。由此可见，传统文化教育与高校思想政治理论课，两者之间具有较高的相似性。同时，从教育理念层面来看，双方对于个人思想道德意识的培养均极为关注。

（二）教育内容的契合

十八大提出，在社会主义发展过程中，需要借助于核心价值体系来实现对民众思想的引领，提升社会共识。同时将社会主义价值体系进行了凝练，即"富强、民主、文明、和谐，自由、平等、公正、法治，爱国、敬业、诚信、友善。"党的十九大报告更是明确提出坚持社会主义核心价值体系，培育和践行社会主义核心价值观。由此可知，社会主义核心价值体系建设，能够给思政教育工作开展提供基本原则，也为大学生思想政治理论课指明前进方向。高校思想政治教育，需要从五个方面的内容进行开展，即世界观、人生观、价值观、法治观与道德观。对于这些内容而言，同传统文化之间具有较高的相似性。从国家的角度来看，传统文化提出"文明以止""中庸协和"，也就是说，建立在和谐、文明的基础上，就能实现对德治、民生的充分融合，同时将富民与诚信相结合。对于这一内容而言，实际上与现阶段国家所提倡"富强、民主、文明、和谐"之间具有较高的匹配性。从社会方面来看，在传统文化教育中，要求民众做到为人诚信，国家按照社会需求与实际情况来实现对收入的有效分配，提升分配公平性，和现阶段所提出的"自由、平等、公正、法治"相吻合。从个人的角度来看，孟子所提出的"诚者，天之道也；思诚者，人之道也""仁爱"等同样与社会主义核心价值观之间具有较高的相似性。

（三）教育方法和理念的契合

1. 因材施教

对于不同人员而言，在成长过程中所对应的环境、受教育程度等方面也会存在相应差异，不同人员在接受教育时所对应的起点实际上是存在差异的。基于此，古代思想家所提出来的观点，一般都会根据民众身份、资质等方面的差异分别进行分析，并结合人员性格特点而使用差异化的教育手段。对于这一过程，便可将其视为"夫子教人，各因其材。"现阶段，在教育过程中所提倡的"以人为本、以生为本"，便要求高校思想政治理论课采取因材施教的方法，从尊重人、理解人、关心人这些角度出发，针对学生的个性心理和思想品德发展水平来确定思想政治理论课的内容和方法，对学生发展进行相应引导，以实现对学生人格品质的完善。

2. 躬亲实践

中华民族自古就对实践方面具有较高的重视度。与此同时，在发展进程中建立了对应的实践观，例如，传统文化中所提到的"格物致知""知行合一"等，均能够较好地体现出其对实事求是思想的重视。传统文化教育特别重视"知"与"行"的统一，"知行合一"是我国传统文化中的重要内容。"知"实际上表示的是对思想道德方面所对应的认识情况；"行"则指的是在道德实践过程中所采取的行动。孔子指出，个人道德修养的好坏，需要根据其行为来进行评估。也就是说，道德修养同实践之间具有较大关联，需要做到言行一致，并对学生进行充分的教育与引导。举个例子，荀子的"闻之不若见之，见之不若知之，知之不若行之，学至于行而止矣。"朱熹的"论先后，知为先；论轻重，行为重"均是从"行"的角度进行论述，对其重要性程度给予了相应探讨。"知行合一"这一思想诞生以后，便对个人道德方面有了更高要求，同时也具有较强的创新性。这些都表明传统德育的目的就是要让受教者能够"知德行善"，运用"自省""躬亲"等方法从根本上促进人的全面发展。而现阶段高校思想政治教育工作的开展，一般是建立在实际情况的基础上，针对学生进行引导，使其产生格物致知思想，强化其在事物探究方面所对应的能力水平。高校思想政治理论课同样是希望通过施教环节，在知行统一中，实现理论与实践相结合，将所学知识运用到社会生活和实践过程中。同时，在高校中积极举行各类实践活动，并对学生进行引导，提升学生道德品质。

二、较高契合性前提下传统文化对于思政教育的核心意义

（一）深化学生的爱国主义情感

高校思政教学中融入传统文化具有加强高校学生爱国主义情感的重要价值。就以儒家文化来说，其中包含浓烈的爱国主义和民族精神力量。其一，儒家思想诞生动荡的春秋时期，因此儒家学者具有心忧天下、兼济入世的忧患意识。儒家思想中济世安民的责任意识和使命感、为家为国的深厚感情，给爱国主义情感积聚了浓烈的社会心理氛围。将儒家思想中的忧患意识融入高校思政教学中，能够烘托出中华民族几千年的爱国主义思想，加强高校学生爱国主义情感。其二，儒家以培养德才兼备的君子为目标，最终目的在于为国为公、修己安民。儒家思想中大公无私的尚公精神，能够增强高校学生大局意识、政治意识，为国家富强提供强大的精神动力。

（二）深化学生对社会主义核心价值观的理解

儒家文化中"仁爱、民本、诚信、正义"的思想为中国社会主义核心价值观指明发展道路。从动力角度看，儒家所强调的"修身齐家治国"思想为中国社会主义核心价值观注入爱国主义灵魂力量。从个体角度看，儒家提出的"克己复礼为仁"思想为社会主义核心价值观提供自我修养的底色。如，道家文化所强调的"道法自然"为我们如何在社会发展进程中与自然和谐相处提供理论依据，这也是社会主义核心价值观的重要组成部分。再如，法家思想所提倡的"依法治国"的理念一直沿用至今，也是社会主义核心价值观的重要组成原则。

思政教学中融入传统文化，可以激发高校学生产生传统思想与现代价值观的共鸣，促进高校学生全社会主流意识的深入理解，深化高校学生社会主义核心价值观。因此，社会主义核心价值观的教学要扎根于传统文化的土壤中，结合时代发展加以创新，逐步加强优秀传统文化与新时代文化的相互适应。

（三）增加学生的文化自信

一个国家的发展依赖民族文化建设。对民族传统文化和价值观的认同感和自信感直接影响本民族的荣辱兴衰和国家的整体性意识形态。中国传统文化特别是儒道文化是中华民族文化象征，是历代学者思想的荟萃，是中国乃至世界教育史重要的智慧宝库。中国传统文化因其思想先进性和民族代表性，砥砺着无数中华儿女前行，不断为文化宝库注入新的思想血液。中国传统文化在内容丰富性、思

想广度以及文化指导性和底蕴层次上，都具有非常雄厚的实力优势。在高校思政教学中融入优秀传统文化，能够起到传播、传承和弘扬优秀民族精神的作用，进而增强高校学生对民族文化的认可度和自信度。

（四）实现立德树人的核心目标

中国传统文化的突出体现在儒家思想极其强调人格修养。从儒家将德行放在人才培养的首要地位，可明晰德行在儒家思想中的重要性。在对崇高道德理想的追求上，儒家不计代价。所谓舍生取义，君子纵使为道德付出性命也绝不吝啬。儒家思想中的君子人格思想对高校学生的道德人格提升有着不容小觑的价值和作用。高校思政教学中融入儒家思想，能让学生在道德情感上得到陶冶和升华，进而强化自我约束，形成良好道德行为习惯。在思政教学中融入传统文化特别是儒家思想的价值在于加强道德规范的内化，提高学生道德素养，利于达到立德树人的根本要求。儒家思想能够从根源上阐释以德树人、以礼立世的行为道德修养及规范准则，促进我国社会主义精神文明建设。

三、反思与总结

中华民族经过了几千年的历史沉淀而逐渐形成的中国传统文化，其中蕴含着极为丰富厚重的珍贵资源，不仅可以使人们的精神文化需求得到极大的满足，而且还可以使其价值导向、行为规范的功能得到充分的发挥，为大学生的思想道德教育起到了极为重要的作用。

首先，在思政课教学中融入优秀传统文化，汲取并挖掘其中有益的资源，通过耳濡目染的影响，使大学生的思维模式和行为主要手段得到改善，并形成符合社会发展需求的价值理念，这对于大学生爱国主义思想和社会责任感的加强极为有利。

其次，社会主义核心价值体系的构建是以优秀传统文化作为坚实的思想文化基础的，让大学生可以对其更加的认同。在中华民族漫漫的发展历程中，有无数的的爱国事迹，他们都极为看重国家利益，甚至愿为国家贡献出生命，这些都将在潜移默化中对大学生的爱国主义思想产生极为重要的影响。

最后，中国传统文化其中包含着极为丰富的传统美德内容，其中主要有艰苦奋斗、尊老爱幼、勤俭节约以及诚实守信等优良思想理念，这些都将被世代传承下去，让中华儿女为之感到骄傲，这些理念都为培养大学生养成良好的习惯和美德提供了极大的帮助。

中国传统文化是中华大地孕育出来的文化精髓,对于当前大学生的民族精神和文化素养的培养和提升是至关重要的,在思政课教学过程中,必须要将优秀传统文化充分融合进来,并从中国传统文化当中积极的吸取内容丰富的教育资源,对课堂教学方法进行不断的拓展,使思想政治理论课教学更加富感召力和吸引力。但在现阶段在高校思想政治理论课中融入中国传统文化还存在一定的难度,其主要表现在一是当前作为主要阵地的思想政治课程体系存在较为注重理论,而忽视了实践的作用;二是在进行思想政治课实际的教学过程中,内容枯燥,政治与道德说教意味过于浓重;三是在高校的思想政治理论课堂当中可以看出,学生的学习态度不够端正,缺乏热情,不认真听课摆弄手机等问题严重,只是单纯为了不挂科而待在课堂里,从而致使与时代发展密切相关,对学生思想至关重要的一门课程等同于虚设,使其作用得不到充分的发挥;四是大学生在思想上还不够成熟,往往对那些新鲜的事物能够提起兴趣,在看待问题时考虑的还不够全面,还有些大学生意志上的不够坚定。

第三节 传统文化发展对思政教育的影响

一、传统文化对高校思政教育的各方面影响

思想教育是整个教育体系中不可缺少的一环,而高校的思想教育与小学、初中所做的思想教育不同,由于高校学生都已经是成年人,因此更多的是启发引导的作用。传统文化的引入可以实现民族精神在思政课程中的渗透,以便更好地传承和发扬。

(一)提高大学生整体素质

儒家是中国传统文化主流思想之一,儒家倡导的精神是"仁、义、礼、智、信",五个字涵盖了儒家文化的精髓。高校思政教师在进行思想教育的时候,可以尝试将这五个方面进行合理的融入,高校大学生虽然之前经历九年义务教育与三年的高中生活,但事实上学生生活相对封闭,步入高校后,会接触到社会中形形色色的人,对此,要在学习生活中保持住自身的一份正义,而儒家思想的处世之道便是让学生洁身自好,以理服人,在这浮躁的社会中沉淀自己。儒家思想《大学》中曾提出"诚心、正心、格物、致知、修身、齐家、治国、平天下",其整体的人生观价值观符合当下的社会发展,培养大学生独立、自强、慎独、自尊的人格。

（二）为高校辅导员的思想教育工作指明方向

孔子认为，教育面前人人平等，有教无类。现如今的高校思政教师以及辅导员进行思想教育工作时也应该遵循这一点，不能对任何学生有所歧视，高校的招生面向全国各地，天南海北的学生汇聚一堂，地域、思想、习惯都具有差异，应该正视这种差异，在进行教育时应尊重每一位学生，给予正确的手段方法，这种教育主要手段在如今的高校教育中可以进行借鉴。

（三）提高高校思想教育的质量

高校思想教育的质量是每位思政教师以及辅导员所重视的工作，而儒家思想中的因材施教可以有效提高教育质量，道家所提倡的遵循自然规律同样告诉我们在育人过程中首先要了解学生的认知和心理发展规律。作为高校思政教师以及高校辅导员，必须具有较强的责任心，对于思想教育，要注意手段方法，对不同的学生要实施不同的方法，针对不同性格、爱好、能力的学生给予不同的教育手段。要通过引导的手段让学生能够自己领悟，而不是被动接受，教师对不同的学生给予不同的教育手段，往往事倍功半。

二、中国传统文化对高校思政教育起到的促进作用

（一）促使高校学生将爱国主义作为民族核心精神

现如今的民族精神显示着一个国家的前进和稳定，也是保证其众志成城的核心桥梁，还是形成各高校学生民族精神的关键基础。教育各高校学生接受发扬我国传统文化的有利部分，继承和发扬中华民族精神是目前高等教育的新任务和新方向。

此外，这将使得各个高校的学生遗失民族自信和尊重自我心态，弱化整个民族的向心力。简而言之，中华民族传统文化源远流长，接受和理解其中的各种精神内涵，这有利大学生形成完善的精神观念、是非的判别能力有非常关键的作用。所以促使各个高校的学生发扬和传播中华民族的优秀传统精神内涵，很大程度对高校学生完善爱国思想、民族气节等起到关键性作用。

（二）促进高校培养具有人文主义精神的优质人才

以文化的方向为出发点，全国各个院校不只是历史文化继承的内核，或者说人文素质教育的优化的关键场所，更应是教育各个院校文化内核和人文素质教育

的发源地。以人为本是中华民族传统文化中不可或缺的一种元素，其特别强调人的精神层次的提炼。目前，我国各个院校办学追求都有自己的一套体系，文化在发展的过程中殊途同归，办学核心都展示出科技精神和自由精神相融合的一面。全国各个高校思政教育完善与否通常要看于能否提供大学生完善的人文主义精神。现在各个院校受社会环境影响，还要追逐世界发展潮流，向符合社会发展趋势的方向持续优化和改进。

大学的思政教育要根据其优先与改进需求，化身社会精神自由的守护者和促进者，主动去适应和改造世界，改变和完善人们的道德思考和认同手段。良好的传统美德为我国的文明发展产生了关键的影响和推进作用，对现在社会进步也有举足轻重的影响，所以，各个院校应在思政教育中大力改进和发扬这些瑰丽的精神储备。

（三）促进高校学术自由和精神自由

塑造学生的独立精神，教会学生掌握自我思考能力，是高等教育的核心和关键。其担任着优化知识、开拓理智和真理的核心任务。面对大学思政教育时，能够利用传统文化中在学术这一角度的许多行之有效的手段，整合交融高校思政相关教育的实施，来教育各个院校学生进行学术研究和树立独立人格。

第四章　中国传统文化与高校思政教育的融合

中国传统文化内涵丰富、博大精深，在五千年历史的长河中不断丰富，世代中华儿女坚韧不屈、始终传承，使其历久弥新。

众所周知，中国传统文化并非一成不变、千年如斯，而是不断在新的历史发展阶段融合新的时代特征，由人们不断赋予其新的时代内涵。其在历史深刻变迁过程中总是能够不断创新发展，迸发出强大的生机、活力以及感召力。

在当前教育背景下，不断高效创新运用我国的优秀传统文化蕴含的教育资源，为思政教育注入新鲜血液具有深刻的理论意义。传统文化蕴含着丰富德育思想和人文精神，高校深度挖掘其积极因素，将其融入高校思政教育工作当中，将有利高校立德树人的育人目标，提升教育团队的工作质量，最大限度地增强其实效性，建设高校意识形态主阵地，从而实现"三全"育人的最终目的，从而培育一批又一批又红又专的无产阶级接班人，使他们承担起国家繁荣富强、民族伟大复兴的社会责任！

本章对中国传统文化与高校思政教育的融合展开论述，内容包括中国传统文化融入高校思想政治课程的现状、可行性、意义和途径，为思政教师的教学实践提供理论指导。

第一节 中国传统文化融入高校思政教育的现状

一、中国传统文化融入高校思政教育的研究

（一）研究背景与研究意义

1. 研究背景

经过五千年的演变发展与继承创新，中国传统文化已成为培养大学生思维能力和行为准则不可或缺的部分，成为提高全社会素质文明和德育的主要因素。加强中国的优秀传统文化在高校思政教育中的合理运用，不仅有利丰富高校德育资源，也有助于提升校园整体的道德素质。大学生作为思政教育的生力军，道德素质状况影响着整个社会的进步和发展。目前，我国大学生的道德素质整体是健康向上的，他们衷心地拥护中国共产党，能够坚定自己的政治立场，树立正确的思想道德观念。但仍然有些大学生对传统文化认识不到位、缺乏热情，除此之外社会中存在的一些错误价值观也不断影响着大学生，校园暴力、论文造假、过度消费等现象时有发生，一些学生无私精神和拼搏精神缺失。面对这种情况，我们发现高校的思政教育内容"不接地气"，部分大学生认为书本中的"大道理"无法在社会现实中实现，难以认识两者之间的深刻联系。因此，积极弘扬中国传统文化精髓，深入挖掘其中的积极因素，对大学生进行宣传教育已是当代高校德育教育的重要使命。要想实现这一目标，首先要切实贯彻将优秀传统文化融入高校思政教育这一重要理念，进而唤起大学生创新创造的活力，我国才能在独具特色的文化道路上越走越远，从而实现建设文化强国的梦想。

2. 研究意义

（1）理论意义

第一，弘扬优秀的中华文化，能够加深大学生的相关理论认知。中国拥有其他国家没有的文明——中华文明，其具有深厚的文化底蕴。华夏儿女在不断奋进中形成了众多独具特色的民族精神和优良美德，指引着我们奋勇前进。将高校思政工作深入植根于中华文明的沃土中，不断继承和弘扬其思想精髓，并将其深刻的内涵高效融入高校思政教育当中，能够在思想上和行动上自觉唤醒他们的学习

热情,加深他们对传统文化的理解和认知,逐渐提高他们对中华文化的高度自信心。

第二,拓展大学生的文化视域,创新当代思政教育理论研究。中华五千年文明历经沧桑而绵延不绝,承载了中华民族数千年的灿烂与辉煌,蕴含着丰富的教育资源。在爱国教育上,我们要提倡家国无小事,应"以天下事为己任";在人格教育中,鼓励大学生要自强不息、发扬"夸父追日、精卫填海"的进取精神;在人际关系方面,要做到尊重他人、团结友爱、诚实守信等都可以作为高校思政教育的绝佳素材。实现中国传统文化与高校思政课程的集合,不仅丰富了高校思政教学的内容,也能够拓展大学生的文化视域,不断创新高校思政教育的理论研究。

第三,丰富高校德育教育理论研究,夯实我国社会的文化根底。改革开放以来,随着我国经济迅猛发展,各国之间的交流日益密切,各种社会思潮涌入中国,并迅速在各个高校扩散,潜移默化地影响着每个人。当前,高校学生由于受到一些不良文化的影响,如拜金主义、享乐主义等,再加上缺乏一定的家庭教育,一些学生以自我为中心,人际关系淡薄,对社会认知较匮乏,难以对正确的价值观念进行理性的解读。针对这些现象的出现,我们就要寻其根本,加强对大学生的传统文化教育。在中国传统文化中,古人对"国""家"的观念浓郁,爱国思想较深厚,他们坚信有国才有家,没有"国"也就没有了"家"。在人际交往方面上,古人推崇"兼爱""仁爱",与人相处应团结友善、诚实守信等。而这些内容恰好与当今时代所提倡的社会主义核心价值观的内容相契合。中国传统文化为社会主义核心价值观提供了强有力的思想保障,成为促进其不断深入民心的重要力量。

(2)现实意义

第一,提升思政教育的理论性和实效性,建设高校意识形态主阵地。在目前形势下,学校思政教育面临着较为严峻的社会压力,思政工作的实际效果也不尽如人意。高校思政教育也面临着众多现实问题亟待解决,如全球化、社会化、多元化等。这些矛盾的出现就要求高校必须从传统文化中深度挖掘丰富的教育智慧和教育理念。传统文化蕴含着丰富的德育资源,这些内容都对当代德育具有深刻的指导作用。深度挖掘传统文化中的教育资源,并将其合理运用与高校教育当中,探索适合当代思政教育的教学手段和教学手法,不断丰富其理论内容,充实当代大学生对思政教育的认知,逐渐改变学生"重理论轻实效"的观念,从而不断提升高校思政教育的渗透性和吸引力。

第二,增强学生道德素养的提升,保障其身心健康成长。在当今多元文化的时代背景下,各国文化在全世界悄无声息地蔓延和渗透。当前,大多数学生持有积极乐观的思维意识,能够做到热爱祖国、关心国家大事,并以国家利益和整体利益为上，生活中尊重老师、热爱集体，与同学互助友爱、和睦相处。但也有部分学生并非如此。一些学生由于一些个人因素，片面消极对待国家整体的治理方略，肆意传播一些错误观念，价值观念发生扭曲，理想信念不纯，缺乏社会公德心，在生活中人际关系紧张，心理素质欠佳。我国的传统文化中蕴含着丰富的爱国思想、道德品质以及为人处世之理，对于培养学生的爱国情感、培养其健全人格，以及培养其积极进取、助人为乐的高尚品质，具有重要的思想引领作用。这不仅能够增强当代大学生的思想道德素质，甚至能够不断优化整个社会的文化氛围，进而促进全民思想道德素质的提升。

第三，加强大学生的文化自信心。中国传统文化在高校思政教育中的合理运用，能够加强当代大学生的文化自信心以及自我能力的提升，从而加快实施文化强国战略。在新时代下，将传统文化内容运用于高校教育理论体系中，积极引导高校教育工作者借鉴古人合理的教育方法，进而形成符合当今高校发展的育人理念。在实施素质教育过程中将传统文化教育与思政教育相结合，能够不断实现高校思政教育工作新突破，充分发挥思政工作的实效性，为高校素质教育开辟一条新的路径。同时，学生的文化自觉性也能够不断增强，中华民族的精神命脉也能够得以传承，我国文化软实力得以不断增强，为坚定大学生文化自信铺垫了道路，进一步为我国实施文化强国战略提供动力。

（二）国内外研究概述

中华民族历史悠久，传统文化内涵丰富，拥有着众多的大学生思想政治教育的材料，同时给当今院校思政教育增加大量的文化气息和核心内容。怎样完善和传播中华传统资源，同时依靠其为当今的高校政教育的实施增加动力，不可避免地成为现在教育界考虑的核心方向。

由于近几年改革的不断深入，大家文化修养层次的增加，接受大学等高等教育的人数与日俱增。大专学生是中国目前完善社会主义的重要继任者，承担着中国迅速崛起的重任。然而在国际交际越来越频繁的时代背景下，各高校学生的中华民族的传统文化教育受一些不良文化所干扰，如西方流行因素、普遍文化思潮、年轻狂热文化和互联网交流等，各高校的思政教育面对前所未有的危机。在改革开放以后，各类思想接踵而至，优势与劣势共存。在此背景下，国内文化的发展缺乏方向，未能较好地在传统文化的基础上进行发展，导致传统文化逐步被边缘化。在教育领域，所使用的教育体制、手段越来越具有西方特性，使得传统文化处于边缘位置。与此同时，在市场经济改革进程中，也带来了一些负面问题，尤其是体现在权钱腐败、收入分配差异大等方面,进而导致青年一代在信仰方面产生了相应危机。在教育改革工作中,教育部对于思想政治教育课程改革具有较高的重视度,并取得了显著的成绩。但同时,我们的高校思想政治理论课也存在着教书与育人脱节、未能建立在实践层面进行开展等问题,同时也没有实现对教育主要手段的有效改善。另外,在教育过程中未能引入充足的传统文化教育,使得两者之间产生了断层,对青年代人文素质培养产生了不利影响。

建立在上述问题的基础上,社会各界开始要求从弘扬中国传统文化的角度着手,通过传统文化教育的主要手段给青年人员建立良好的价值观念。在党的十九大报告中,"文化"一词一共被提及96次,"中国传统文化"被提及5次,同时大篇幅涉及坚定文化自信等相关内容。中国传统文化作为中华民族历史的见证和中国人民智慧的结晶,在这些文化中涵盖了仁、义、礼、智、信等方面的内容,也是中华儿女在历史长河中所凝聚出来的宝贵财富。在此阶段的学生,在传统文化方面所学习的内容也会存在相应差异,便分别为其制定了对应的学习目标。

英国在发展的过程中,对于传统文化同样具有较高的重视度,同时将传统文化在保护、继承、发扬等方面的工作交付给学校。在教育过程中,引入艺术、电影、戏剧、文学等方面的内容。此外,为提升学生对传统文化的认识,在教育工作中引入了一些社会资源,采用多样化的主要手段来进行教育。例如,学校常常会邀请社会中知名度较高的文学家、艺术家进入校园,针对自身在文化方面的经验、知识进行分享。同时,也会组织学生参观博物馆、大剧院等,使得学生能够更好地同传统文化相接触,提升对传统文化的认识。

(三)国内外研究现状

1. 国外研究现状

虽然国外并没有"思想政治教育"这个特有名词,但事实上他们的公民教育却深入人心,大部分国外学生都具有强烈的民族意识、社会责任感以及自尊心。国外"德育"教育主要有道德素质教育、历史教育以及民族精神教育等,他们对于公民的"思想政治教育"丝毫不亚于我国,并且效果显著。搜集整理各个国家对公民的教育经验,都是高校完善思政教育非常有价值的教育资源。值得一提的是,爱国教育在西方公民教育中具有重要的地位。就西方教育内容而言,他们始终重视培养公民的爱国主义精神,强调公民应时刻以国家责任为已任。因此,历史教育则成为爱国教育的主要方面,只有了解了本国的历史发展和实际国情,才能使他们从内心真正了解爱国主义的内涵与本质,才更有利培养公民的爱国主义情怀,进而将爱国主义教育无形中渗透公民的生活当中，使之成为一种习惯、一种自然状态。

美国作为移民国家，在社会发展过程中逐渐形成了"自由、民主、平等"的社会价值观念。美国德育教育主要有显性课程教育和隐形课程教育。显性教育主要是借助"灌输法"对公民实施教育。这种灌输式的教育方法是列宁在《怎么办》一书中提出来的，后来逐渐成为各国教育的基本原则，我国理论课程教育也在使用这种教育手法。此外，隐性教育则通过在平时生活学习中的渗透，不断加强对公民的爱国教育，达到德育的目的。他们秉持渗透式的教育理念，在日常生活和课程教学中都潜移默化地对学生进行教育，从而达到润物细无声的教育效果。

英国作为一个具有宗教历史和贵族属性的国家，其对公民的教育都带有一定的宗教色彩。英国公民的绅士风度也是一大亮点。他们从小被教育做人处事应有风度、讲礼节，贵族精神在英国教育中占重要地位。

日本、韩国和新加坡是资本主义性质的国家，在历史发展过程中不但大胆吸取和借鉴西方文明中的优秀成果，而且继续保留了中国传统文化，在继承的同时并结合自身国情加以改造，形成符合自己国家的思想文化，具有鲜明的东方色彩。

日本在治国理政方面善于学习其他国家，"取他国之精华，去他国之糟粕"，以此来促进自身的长远发展。在教育过程中，他们注重运用多样化的教育手段，积极探索适合本国的教育主要手段，他们注重理论与现实生活之间的衔接，以学生为教育主体，打造适宜学习的文化氛围，进而培养具有高素质、高标准的社会人才。

韩国则深受儒家思想的影响，在国民教育中将儒学内容与国家发展相结合，形成其独具特色的文化内涵。韩国对国民的素质教育比较重视，其中民族精神、爱国精神是德育教育的主要内容。新加坡作为有一个多民族国家，其国民教育主要是加强国民对国家和民族的认可，增强国民的凝聚力和对国家的认同感。随着"共同价值观"的教育不断推广，效果显著。同时，颁布的一些法律条文也为文化教育制度的开展提供了重要保障。另外，一些西方学者也开始关注并研究东方的传统文化内容。基辛格的著作《论中国》中就对中华文化以及中华民族精神给予了高度评价。与中国思想政治教育和中国传统文化相关性比较大的著作有西奥多陈斯恩的《1949年来的中国教育：学术模式和革命模式》、斯达夫里阿诺斯的《全球通史》以及顾立雅的《孔子与中国之道》等。他们大多是从不同视角和层次进行传统文化相关内容的研究，但对于两者之间如何实现有效地融合，并将其合理运用的研究则鲜有涉及，这方面的著作、论文等研究成果也相对较少。

2. 国内研究现状

21世纪以来，特别是近几年，越来越多的人开始关注中国文化，平日里衣着中国传统服饰的人也越来越多，同时很多外国人来到中国，逐渐喜欢上了中国，并选择来到中国留学，在这个过程中中国传统文化深受大众喜爱，更多的学者也将注意力转移到研究传统文化内容上来，并通过一些新视角、新观点来阐述传统文化，赋予其新的时代内涵。此外，一些学者也尝试将其与高校思政教育相融合，探索一条适合高校思政教育的新路径。这些理论研究为高校思政教育提供了不同的教育方案，都为高校德育教育奠定了良好的理论基础。目前，有关中国传统文化与大学生思政教育的理论研究可从以下三个方面分析。

（1）中国传统文化的研究

目前，研究中国传统文化的学者较多，我国的学者们对此课题关注度较高，学术成果丰硕。一种以钱穆为代表的学者们从宏观方面对其进行研究；另一种以楼宇列为代表的学者们对其进行微观剖析，这两方面的探索全面形象地将传统文化内容展现出来。其中顾冠华认为，中国传统文化并非一蹴而就，而是几千年来中华儿女在自然环境、社会政治经济以及意识形态等多种因素下，不断继承和改造发展的结果。在当今时代，中国传统文化作为一种内在的精神血脉，仍是我们"活"的精神资源。张岱年在其著作中分别对文化、传统文化以及学习文化的方法等内容进行阐述，对传统文化的产生及发展过程进行梳理，深度揭示了它的基本内涵与历史发展过程，对于当今时代传统文化的深入研究具有重要的借鉴意义。

（2）思想政治教育研究

20世纪80年代，随着改革开放以及社会主义现代化发展，思政教育作为一门学科课程正式成立并不断发展。尽管思政教育作为一门学科的时间并不久远，但许多专家学者将高校思政教育作为学术主题，展开深入钻研和探索，从不同角度和方面探究高校思政教育工作，取得了令人骄傲的成绩。顾海良在其著作中指出，学校应加强改进对学生的思政教育，结合学生自身实际情况，实施因材施教的教学理念以及科教兴国发展战略，坚持理论创新，在实践中不断加强和改进高校思政教育，构建高校教育制度新机制，健全高校教育队伍建设，加大思政教育的经费投入，营造良好的校园风气，弘扬先进文化，发扬中华民族的优良传统，从而全面提升高校大学生的思想道德素质，提高我国在国际竞争中的优势，实现中华民族的伟大复兴。有学者从培养大学生的价值观念方面探究，精辟总结了高校大学生正确价值观念缺失等种种表现，并提出高校学生受西方文化的影响，价值观念偏颇。那么，作为高校思政教育者就要从这方面着手，注重培育学生的自律精神，潜移默化地培养其奋斗精神以及进取精神，不断加强其自身的道德素质，从而塑造完美人格。

（3）中国传统文化与思政教育相结合的研究

时代在发展，文化也在发展。经济全球化背景下，各种西方社会思潮不断影响我国国民，特别是对大学生的价值观念产生了较大影响。我国的优秀传统文化在此时刻显得尤为关键。因此，国内学者高度重视，探索如何将优秀的传统文化运用到高校思政教育当中成为他们研究的重要内容。

其一，大多数的学者从传统文化的主要内容入手，认为传统文化至今仍有强大的活力。若将其合理融合于高校思政教育当中，不仅有利传统文化在当代社会的继承发展，更有利高校思政工作的进一步实施。张祥浩教授认为，中国传统文化是高校思政教育不可或缺的内容，具有鲜明的育人功能，两者之间可以相互融合，共同促进。有学者深度剖析了当代大学生传统文化观念缺失的现状及原因，针对出现的问题寻找原因，从原因方面进行深度剖析，认为中国百年屈辱历史、当代经济和社会转型以及西方文化和网络文化的影响是造成大学生传统文化观念缺失的主要原因。

其二，从中国传统文化的方法及原则方面入手，寻找与高校思政教育的契合点。以沈壮海教授为代表的学者认为我国的传统文化当中蕴含着丰富的教育方法与教育原则，它与思政教育有着难以分割的联系，两者之间相辅相成、相互促进。有学者在论述传统文化的教育资源的基础上，认为传统文化中的教育理念对于高校思政教育仍有一定的教育作用，同时思政教育也是新时代中国传统文化的重要传播媒介。也有学者将重点放在了两者之间如何有效融合的问题上。并指出，要想实现两者之间的有效融合，就必须加强高校制度建设，适当增加传统文化在思政教育中的比重，积极组织相关的文化宣传活动，注重对学生的人格培养等。

其三，从路径方向出发，深入研究两者之间实现高度融合的有效路径。有学者认为，高校应高度重视对于传统文化方面的教育，不断提高学生的政治觉悟，通过学生喜闻乐见的传播媒体在宣扬和传播传统文化的精髓，积极建设高校发展模式，针对目前存在的问题，积极探索适合两者之间相互融合的有效路径。也有学者则认为高校思政承担着继承中国传统文化的重要责任，高校可以通过培养学生的正确价值观念、民族自豪感以及人生追求等方面来不断完善中国的优秀传统文化体系。

二、中国传统文化在高校思政教育中的应用现状

中国传统文化由于其深厚的文化积淀,已成为高校校园课外活动的重要因素,成为当代思政教育不可或缺的思想内容。目前我国高校已深刻认识到其重要性并将其纳入思政教育的范畴,并且逐渐增加其在校园文化活动中的比重,不断丰富大学生的课外生活。部分高校在教育实践中有所成效,但同样也存在若干问题亟待解决。

(一)在应用过程中取得的成效

改革开放以来,国家在重视经济增长的同时,也逐渐重视对中国传统文化的继承与弘扬。我国的国家领导人在讲话中多次谈到其重要影响,并结合当今的时代特征,赋予它新的时代内涵。同时教育部也出台了多部关于优秀传统文化的意见纲要,再加上社会各界人士和民间组织的积极配合,使得其在新时代下活力迸发,同时在高校思政教育中取得了一些新成效。

首先,国学经典课程在思政课内容中比重有所增加。目前,普通高校开设的公共必修课中,中国传统文化教育作为重要的教学内容,逐渐创新性的纳入高校思想政治教育课程范畴,开设了相关的必修课与选课程,并举办传统文化经典阅读、主题讲座和诗文朗诵等活动,学生对于国学经典文化的了解认知在一定程度上有所加深。同时,由于优秀传统文化具有教育功能,在授课过程中,大多数高校思政课教师通过有意识地将中国传统文化知识与"两课"课程体系相结合,在增强大学生对其认知程度的过程中,也加深学生对思政教育理论知识的理解,从而使学生的道德素养进一步得到升华。

其次,一些相关主题活动在各种项目活动中不断丰富多彩。目前我国高校校园文化活动丰富多彩,各类社团、活动比赛形式多样,学生能够在课余时间根据个人爱好选择自己喜欢的活动,提升自己的社交能力和社会实践能力。高校在平时的活动中都特别注重开展爱国主义主题教育内容,有条件的学校会定期邀请相关学者专家到校为大学生进行优秀传统文化主题的演讲讲座。同时,高校以传统节日、传统习俗为切入点,积极举办相关的主题讲座、知识竞赛、辩论赛以及展览会等,在继承传统的同时将其与高校思政教育深度融合,不断增强大学生的自信和底气,潜移默化地使大学生对其产生高度认同。

最后,社会与高校共建实践基地增加。近年来,社会各界人士以及各级组织机构积极配合高校教育,积极与高校共建爱国主义教育实践基地、教学实践基地等。

高校大学生在参观博物馆、文化艺术馆、爱国教育基地以及红色文化纪念馆的同时，透过历史文物建筑感受优秀传统文化的博大精深，并不断激发爱国情怀，潜移默化地将这些内容内化于心，使中华传统美德融入日常生活当中，进而在社会实践过程中外化于行。高校在为社会服务、提供师资力量支持的同时，社会各界也为高校大学生提供了众多实习、参与社会实践等方面的机会与岗位，多方协同合作是实现国家、学校、教师与学生之间一举多赢的良好举措。

（二）在应用过程中发现的问题

在我国政府以及教育部门的大力引导和宣传之下，我国优秀传统文化的重要价值被大家熟知。在高校，教育者也能够将这些优秀内容合理运用到思政课堂当中，并取得了一定的成绩。但事实上，很多学生对于学习传统经典的重要性认识不足，同时对这些文化资源的挖掘不够深入。总的来说，仍然存在以下的一些问题。

1. 高校学生对传统文化接触和理解不深

一方面，目前高校大学生以"90"后为主体，甚至"00"后已经进入大学学习阶段。他们多数为家里的"掌上明珠"，从小生活条件较优越，父母和长辈宠爱至极。在平时生活中缺乏正确价值观的宣导，大多数孩子对传统文化缺乏系统的了解和认知，普遍认为它都是过时的、老旧的思想，与当今时代宣扬的价值观有所出入，甚至阻碍了当今时代的发展。在平时的学习生活当中，他们关注点大多是动漫卡通、电影杂志等，对于中国传统文化主动学习的欲望不高，对中国经典文史书籍、诗词歌赋、历史名人等具体内容知之甚少。此外，一些西方节日如圣诞节、情人节等节日收到部分学生的狂热追捧，而对于中国传统节日的由来、历史背景却全然不知。另一方面，经济的发展使得人们的生活水平提升，一些大学生铺张浪费、贪图享乐，为了在朋友面前有面子挥霍无度，将勤俭节约、艰苦奋斗的传统美德抛之脑后，甚至他们认为节约是没面子的事情，这种价值观证明当今学生思想存在偏差，无法树立正确的价值观，长期下去将导致一些优良美德被遗弃，更加难以与当今思政教育进行有效融合。

另外，目前我国的教育体系以分数高低衡量一切，学校以专业技能为培育重点，较为重视他们的成绩分数的高低，而对学生的道德素质教育较为忽视。高中阶段学习传统文化的相关知识也仅仅是为了高考能够获得一个好成绩，而真正对于传统文化的理解却不透彻不深刻。进入本科阶段之后，随着社会上就业压力的不断增大，学生就需要掌握较高的专业技能。因此，学生们在学习期间热衷于考证和考级，对于人文知识的学习也仅是为了获得相应学分。此外，中国古代书籍大多为文言文，部分知识晦涩难懂，导致一些人缺少主动学习古代文学的热情和想法，再加上学校对这些古代文学宣传不到位，学生整体了解程度不高，难以形成较为完整系统的认知体系。

2. 不能实现对中国传统文化价值的转化

随着国家和社会的逐渐高度重视，高校也积极配合国家政策实施，致力将其合理运用于高校思政教育当中，再加上授课教师平时上课的宣传与引导，大部分学生都已经能够认识到它对当前高校思政教育的重要性，能够深度意识到学习优秀传统文化对增强个人文化素质、提升文化底蕴具有重要意义，并且在日常生活中能够有意识地关注传统文化，了解和掌握其思想精髓，并自觉向全世界人民宣扬中国的文化内涵。但当前高校大学生和高校教师对于将这些思想精髓运用于思政教育中仍然存在许多困难。他们对这些文化的深层次内涵缺乏深入的探索研究，对其当代社会属性认识不足，导致大学生的文化自信心不强，对这些内容缺乏学习的兴趣，无法真正使两者之间的内容有效融合，进而难以使它的当代价值达到创新性转化。

3. 高校对人才素质培养的定位不确切

中华人民共和国成立后，我国就高度重视国民经济增长，努力提高人们的物质生活水平。对高校来说，则将专业学科建设放在首位，追求大学生专业知识成绩的高低，以培育具有高水平知识型社会人才为目标，以此来满足经济快速发展的需求。对其他方面的培养有一定忽视，部分高校没能真正将传统文化的内容融入思政教育当中，所做工作仅仅是流于形式表面文章而已。难以使学生形成正确的价值取向和道德素质。当今时代的佼佼者，既要有高水平的理论文化知识、健康的心理状态，更应该具备高尚的品德素养。所以，学校应配合当今社会发展的需要，及时调整教育教学目标、完善学科框架结构，进行教育理念、专业调整以及课程改革等，使学生在步入社会以后能够很快适应社会生活的节奏。同时，高校应转变教学观念，以培养学生德育发展为教学目标，将思政工作贯串高校教育教学的全过程，努力提高其实效性。

4. 传统文化与高校思政的结合不够充分

（1）大学生获取中国传统文化知识的渠道有限

目前，学校是受教育者接触和了解中国文化的主阵地，对于学生接受传统文化知识教育具有深刻影响。大多数学生对于传统文化的了解主要是通过学校开展的选修课程和一些人文素质类讲座，从思想政治理论课中了解优秀传统文化内容较少。另外，对于部分学生来说，学习相关课程仅仅是为了获得相应的考试分数和学分，或者是因为这门课程属于考查课范围，获得学分相对容易等。虽然一些学生也明白学习传统文化的重要意义，但平时学习中仍然缺乏重视，将时间花费在其他课程和考级考试上。综上所述，学校教育虽然是文化知识的主要渠道，但高校相关课程设置不够合理，学生获取相关知识的渠道比较单一，因此这些内容对学生也难以产生较大影响。

此外，除了课堂学习以外，大学生还可以通过观看媒体直播、报名网络课程自学、查阅图书资料等多种渠道了解优秀传统文化。近几年，一些网络电台、综艺节目对传播优秀传统文化产生了深远影响。另外，学生社团活动作为校园活动中较活跃的一个组织，也是传播优秀传统文化的另一载体。但事实上这些主要手段对学生的影响并不太明显，与传统文化相关的社团较少且活跃度较低，学生对优秀传统文化难以产生浓厚的兴趣。

（2）中国传统文化运用载体不当

尽管当前我国大力提倡要不断弘扬和传承传统文化，要求不断加强与高校思政教育的融合，但事实上目前高校对于它的运用载体较为单一，主要仍然是通过课堂讲授的方式获取相关知识，其他载体形式未产生较大效果。

其一，课堂授课效果不理想。思政课是高校系统进行思政教育的主渠道，因此课堂授课也就成为中国传统文化运用到大学生思政教育的主要手段。目前，高校主要是通过几门公共必修课对学生进行灌输教育，而这些教材主要是针对马克思主义理论开展的内容，书本中对传统文化的内容鲜有涉及且缺少系统归纳的知识体系。思政课老师仅仅参考教育部统一颁布的教学材料作为备课资料，对一些中国文化知识的内容利用不足，且"两课"课程内容理论性强，因此无法将这部分知识直接作用于思政教育当中。同时思政课教师在课堂教育中占据绝对的主导地位，老师对中国传统文化的讲授深度直接影响了学生获取知识的程度。这种授课主要手段无法使学生的主观能动性发挥出来，无法体现出他们在思政教育中的主体作用。

其二，活动载体运用不足。目前我国各高校校园活动多样，社团种类繁多，但其中关于中国传统文化内容的主题讲座、各类竞赛比赛以及文艺晚会等活动明显过少。部分学校积极响应国家政策，不断加强这方面的交流与学习，但在实际过程中却存在形式主义的问题，忽略了学生实际上对其的文化认知与传承。此外，通过参加社会实践活动不仅能够使学生亲身感受和体验传统文化的魅力，而且能够强化其责任意识、锤炼其品格意志。而在实际当中，高校社会实践活动并没有形成系统完整的规章制度，没有实现实践活动常态化。学生参加社会实践活动仅仅是为了获得相应的学分和考试成绩，在实际参观过程中走马观花，没有真正将实践内容内化于心，实际教育效果欠佳。

其三，网络载体运用不佳。在"互联网+"的时代，学校应树立开放共享的科学理念，加强网络教育管理。但事实上，在实际当中，部分高校相关网站建设、微信公众号等形同虚设，缺乏系统性管理，长期不更新相关内容，甚至处于停运状态。网络论坛内容不新颖，无法引起学生的关注和讨论；网络课程在实际操作中漏洞较多，学生听课过程中有空可钻，无法真正达到思想政治教育预想的效果；部分学习软件功能技术欠缺，课堂授课中无法真正运用到位，反而适得其反。这些情况使得在网络环境下，难以将其充分运用到思政教育当中，实际教育效果与预期目标也相差甚远。

（3）传统教学模式体现出局限性

首先，传统教学模式受到挑战。传统教学主要手段中教师占据课堂主导地位，掌握绝对的主导权，教师一般采用理论灌输的主要手段使学生在最短时间内获得最大化的知识储量，而学生在整个教学过程中对教师依赖性较强，与教师的互动、交流较少，很少表达自己的真实想法，因此无法提起学生的兴趣，教学效果较差。那么，在其融入高校思政教育过程中，传统的教学授课主要手段只是进行理论知识的灌输，学生并未真正对传统文化产生学习和了解兴趣，无法从内心真正对其产生强烈认同，更无法高效运用到思政教育当中。其次，现代先进教学手段运用不充分。高科技的迅猛发展以及社会各个领域的普遍运用，对当代教育主要手段提供了多样化的教学手段。新型多媒体设备、影视资料、网络课程等先进教学手段丰富了高校课堂教育主要手段，课程内容更生动形象地展现在学生面前，更易于他们对理论知识的理解和接受，一定意义上使学生有了兴趣去学习这些内容。但由于学校资金、设备条件等各方面原因，一些现代化教育手段并没有实现较好的运用，老师授课使用PPT投影居多，其他授课主要手段缺乏实际的操作性，授课形式有待创新。再加上一些网络软件在教学过程中使用效果不佳，导致教学过程中使用率低，无法实现现代化教学主要手段全覆盖。

（4）课程内容不全

首先，仍有一些学校并未构建起一套系统完整的关于传统文化的教学理论体系。部分高校虽然开设了《大学语文》等必修课程以及相关的选修课，但这些课程结构不够合理，仅仅是对传统文化的某些知识范围进行讲授，无法完全覆盖中国文化的知识，学生难以全面把握这些思想内容。因此，这些课程无法引起教师和学生的高度重视,教师授课缺乏系统的教学管理制度,学生上课心不在焉,觉得这些知识没有太大必要,又与毕业、考试等无关。即使选择了相关课程的学生也仅仅是为了获得相应学分,只要求最后期末考试顺利通过即可。再加上选修学生人数和课时等条件限制,这些课程设置未能达到理想效果,学生缺乏对传统文化的认同,无法很好地传承优秀传统文化精髓。

此外,部分学校也未形成与思政教育相匹配的教学体系。思政理论课主要是对高校学生进行马克思主义理论的系统教育,只有部分内容中涉及我国的传统文化内容,且这些内容零散分布于某些章节当中,并未形成系统的知识章节板块,学生学习过程中很难将两者之间的内深度融合,因此无法将其中的一些精髓思想运用于思政教育当中。

第二节 中国传统文化融入高校思政教育的可行性

一、传统文化在高校思政教育中的应用分析

(一)应用的依据

马克思关于人的需要理论中,提出人的需要主要体现在生存、享受以及发展三个方面,其中生存需要和享受需要都是人类进行生活的手段所在,但事实上最后一种发展的需要才是人的根本性需要,也是人最根本的生存目的所在。高校思政课程的教学过程可以提高学生的道德水平和思想水平,提升学生的悟性理性,提高学生的文化素养和综合素质。而在这样的过程中,应用中国传统哲学思想进行教学过程,就可以有效提升学生的思想能力。传统文化的精髓在传统文化中的具体应用可以有效地提升学生综合素质,满足学生的全面发展需求。

在学习的过程中,对学习内容理论的接受主要包括接受和发现两方面的学习,同时是进行机械的被动的学习或者是积极主动的有意义学习。心理学家奥苏伯尔对此进行研究,认为学习的过程应当最终成为更加有意义的教学过程,需要学生有着浓厚的学习兴趣,并且在实际教学过程中可以进行主动的学习、发现式的学习。思政课程并非是常规的公式定理的课程,而是充满了道理和感悟的课程,不能是简单地进行灌输的学习,在这样的过程中使用结合传统文化内容的思政教学课程,就可以提高学生学习的有效性,确保思政教学的意义,同时也能够做有意义的教学。

（二）应用的价值

思政教学课程实际改革开始之后，很多优秀的传统文化在其中的应用，有效地促进了教学效果的提高。但事实上，其教学内容依然没有能够充分应用传统文化元素，将儒家、道家、墨家等文化应用在这样的过程中可以有效地提高思政教学过程的针对性，进而提高学生学习效果，拓宽教学的思路，进行更加丰富的德育活动。

大学生心理素质和人文素养对于中华优良传统文化有着十分明显的需求，在以往相关教学过程中，依然存在一定的功利性学习动机问题，这样的学习过程很容易导致学生学习动力不足且学习态度消极之类等问题。此外，重理轻文的思想问题依然存在，这些都表明，学生整体人文素养需要进行针对性的提高。在网络文化和西方文化的影响下，部分大学生群体受到其中一些不良文化的影响，出现了拜金主义和功利主义等思想。在这些思想的影响下，部分大学生普遍过度重视自身利益。如何在思政教育过程中渗透优良传统文化，逐渐成为教师授课关注的重点内容。

（三）应用的方向

1. 优质教学资源的提供

儒家文化中的忧患意识可作为优良教学资源加入爱国主义教学过程中。儒家文化认为，忧患意识是国家生存发展过程中重要的理论内容，"入则无法家拂士，出则无敌国外患者，国恒亡。然后知生于忧患而死于安乐。"忧患观念为人们的居安思危提供理论依据的同时，也为后续爱国情怀的进一步论述打下了基础，可以促进学生形成心系天下的家国情怀，让学生明白当代大学生的历史责任感和使命感，进而能够将儒家文化深入地应用到思想政治教学过程中去。

2. 促进教育目标的实现

儒家思想当中，关于道德修养强调"慎独"和"自省"。《中庸》有说"莫见乎隐，莫显乎微，故君子慎其独也。"有道德修养的人，即使只有自己一个人，依然要坚持自身的观念，严格要求自己，不做坏事。而自省则是指时常反省自身言行举止，发现自身的善行并弘扬，发现自己的恶行并及时去除。人要想在长期活动过程中逐渐形成良好的品格，就需要不断地进行自省，保持慎独，认同道德文化的同时，将其作为自身的实践内容。当代对大学生进行思政教学过程中，就需要做好这样的工作，引导学生能够进行正确的自我评价和发展。传统文化的应用也可以促进学生树立正确的人生观价值观和世界观。民族要在发展过程中获取更好的地位，在有共同的民族信念和坚实的民族文化的基础上，还需要人们有着充分的凝聚力和认同感。中国传统文化是数千年来首屈一指的优秀文化，也是无数中华儿女汇聚出的精神财富，其中的内在凝聚力和精神动力蕴含了优秀世界观、价值观和人生观的沉淀，对大学生思想政治教育工作有着有效的促进作用，可以让思政工作得到进一步的发展，也是十分重要的教育资源所在。

二、中国传统文化视域下高校思政教学原则

（一）以人为本原则

1. 何谓"以人为本"

"人本"这个概念在中国传统文化中由来已久。古代有文字记载以来对人本原则的思想论述最初雏形来自春秋时期的管仲，"夫霸王之所始也，以人为本，本治则国固，本乱则国危。"《管子》中的这句话充分证明了我国以人为本的思想在古代就已经得到了社会的普遍认同。而且作为儒家文化的另一个代表人物孟子也曾提出："民为贵，社稷次之，君为轻。"这显示出人本原则在中国有着广泛而深刻的理论基础与普遍认同。而关于人本原则的思想也是马克思主义理论中最重要的内容之一。

人本原则在高校思想政治教育中更看重学生作为个体的个性的发展，形成一种对人在社会中扮演重要角色以及发挥着重要作用的肯定。这个个体不仅是指学生个体的自由发展，也说明作为教育者的思想政治教师同样也是主体之一，承担着重要的责任。思想政治教育工作坚持人本原则实质上就是坚持以人为本的教育理念，将教育者与受教育者都放在主体的地位，将马克思主义的基本观点运用到日常教学工作中，实现教学资源、综合管理、思想指导三者的有机结合，为高校青年学子树立正确价值观导向、世界观开阔、人生观引领，为今后个人的发展与国家的前进打下良好基础。

2. 人本理念的意义

（1）有助于落实高校思政教育价值观

新时期，高校思想政治教育实践的原则之一就是以人为本，在思维导向上也要坚守这一原则。只要确定了坚持人本原则的教育理念，就能够促进高校思想政治教育发展创新以及对整个社会教育体系的改善。同时也会在高校思想政治教育

内容上的选择、教育方法以及手段的运用上产生重要影响。所以，在这种社会条件下其将不可避免地成为教育者在进行思想政治教育工作所形成的工作手段，这就要求思想政治教师作为引导者在进行德育工作时，自觉在头脑或者说是自身观念中坚定确立人本原则为重要基础的核心地位，切实把爱护、理解、包容切实贯彻到具体工作中去，应该让当代大学生在学习中的主体地位得到充分的尊重。

（2）有助于实现高校思政教育目标

新时期，高校思想政治教育的主要目标就是加强"人"作为独立个体在社会中完整自由的发展。人通过主观能动性改造自然，继而改变物质生产实践来让其本身生存的需求得到满足，而对自然进行改造的前提就是要在一定的社会关系中进行。随着社会生产主要手段和生产水平的不断发展和变化，生产力水平的不断提高，人类的社会实践能力和基础线不断提升，就会导致作为社会主体的人想要摆脱各方面、内里和外在环境束缚的能力会随之不断增强，人的发展也必将越加自由而全面，作为上层建筑思想政治教育在引领人类生存发展的同时，也在推动人类向着自由而全面发展，社会向着共产主义而发展。

（3）有助于走进学生群体

大量重复性的精准社会调查均证明，现如今我国青年学生的政治素养和思想教育水平总体来说较为良好。他们在日常生活和学习中思想活跃、拥护中国共产党、热爱祖国，并在社会和学校的双重影响下成长为对中国道路、理论、制度、文化等方面充满自信的社会中坚力量，并且坚信社会主义现代化伟大蓝图和中华民族伟大复兴的壮阔目标能够实现。可是，在西方资本主义的影响下，我国部分大学生思想同样也面临着影响和挑战。作为思想政治教育理论传播载体的高校如果不能够深刻认识贴近青年学生，彻底了解他们的思想变动历程的重要性，那就只能是被认为进行"灌输式"的填鸭教育。在新时期，作为高校思想政治教师，要加强与学生的联系，要深入学生群体，了解学生的想法和当前遇到的困难，并予以学生恰当的帮助和指导。在此基础上，要更进一步地与学生沟通交流，运用全新的教育教学方法了解青年群体的思想症结、心理诉求，将自己置身于青年学子的群体中去，才能在生活和学习中与他们进行更好的交流和沟通，达到教育双方的相互理解和支持。

3. 高校思政教育如何贯彻人本理念

（1）实现高校大学生和高校教师双主体地位的业内共识

首先，要尊重并强调教师的主体地位。在思想政治教育中，思想政治教师扮演了一个举足轻重的角色，虽然在大学阶段众多学生已经生理上成年，他们朝气蓬勃，勇敢上进，但与此同时他们同样也是一个意志力较为薄弱的群体，世界观人生观、价值观还未完全扩充完整。如果没有思想政治教师正确和合理的引导，很容易在意识形态上产生偏差进而对个人甚至学校和社会产生严重的负面影响。高校思想政治教育就是要发挥出思想政治教师的引导作用，充分了解学生的成长环境以及人生经历，尊重其个体的独立与个性，将理论方法逐步以学生所能接受的方法进行德育教育。其次，要尊重学生作为主体之一所产生的不可忽略的作用。思政教育工作者必须让学生意识到自己的主体作用，使其产生强烈的主体意识，在日常学习和生活的交流中逐步培养起学生的自觉学习态度，真正做到心中有律，行动有规。只有在业内达成教育者与被教育者双主体地位的共识，才可以让思想教育理论不断地得到创新与发展，加强思想政治教育在现实生活中的实践作用，使主体之一的受教育者成为我国社会主义现代化建设的中坚力量。

（2）加强科学技术和方法的运用

现今时代是大数据人工智能的时代，各种科学技术层出不穷。思想政治教育作为教育体系中极为重要的一环同样也需要跟上时代潮流，利用科学技术是相对教学方法的创新与发展。先进教育必须更注重培养能力，但事实上能力必须与自身知识体系结合在一起才能发挥更大效用。所以努力做到知识与能力的结合才能在科技时代实现科技与教育的创新发展。要想让思想政治教育的实效性得到提升，教育者一定要将自己置身于科技发展水平不断推进的历史发展进程中，做到因势而新。正确认识我国与其他西方发达国家之间的差异，全面的、客观地认识当代中国教育环境，并与国际接轨，不断提升自身教育的质量与水平。在教育手段上的创新往往体现着一个学校对思想政治教育的重视程度，不断开展课外的实践活动，如田野调查或红色之旅等主要手段是让青年学生感受中国近代史最直接的主要手段，也是历史与现代的一次跨时空连接。还有线上慕课等大量利用网络平台衍生出的全新的教育教学方法，不仅创新了思想政治教育的传播模式，也合理优化了对被教育者的考察结构。基于此，各大高校更应该积极合理的利用起网络平台，对大学生进行多方引导，合理上网、文明上网，全面提高网络化时代高校学子的整体素质。

（3）完善高校德育环境的建设

科学文化知识与人文情怀精神是高校区别于其他教育传播载体的关键所在，校园文化环境无论是对思想政治教师还是对学生都会产生极为重要的影响。习近平总书记在多次讲话以及很多场合中都强调了立德树人这个教育大环境和教育基本理念在高校思想政治教育中的重要作用,高校作为社会主义建设人才输送的主要阵地,积极推进立德树人教育环境的基础建设就是坚持以人为本原则发展创新思想政治教育。首先,要把师德师风建设放在首要位置,思想政治教师不仅是专业知识的教授者,同样也是道德教化的传播者,师风师德建设是高校立德树人教育环境基础建设的最重要一环。这要求高校思想政治教师不仅要有高学历,还要具备高品德,只有这样才能对学生产生积极正面的影响,对整个高校环境起着至关重要的作用。其次,必须把马克思主义的指导作用放在首位,以科学性和革命性统一的马克思主义指导思想为主体,根据受教育者的需要开展丰富多彩、创意十足的校园文化活动,具体切实贯彻理论上有指导、实践中有规范。最后,要在校园网络平台中坚持宣扬立德树人理念,将高校人本原则的思想政治教育方法和观念合理植入学生群体心中,让他们从内心产生强烈的认同感和荣誉感,并且以自身行动积极维护校园文化环境的创建。

(4)引导学生进行自身人格塑造

人本原则的基础环节就是受教育者作为独立个体的完整人格塑造与发展。高校教育的价值所在是源源不断地向社会输送高素质高文化的人才。面对激烈的社会竞争,高校思想政治教育人本原则的重要问题就在于,怎么样才能在校园环境内实现受教育者完整人格的健全发展。现今社会,不仅要求青年学子有更高的文化素养、科学素养,更要求其作为社会中的一个独立个体,有其完整人格的具体展现和政治态度的积极方向。高校思想政治教育就是在以人为本的前提下,要使青年学子自信、自立、自强,还要不断引导和发展他们成为整个社会的优良建设者,且能在飞速发展的社会环境下做出积极应对以保证自己不被社会所淘汰的同时,还能为社会的发展、国家的富强做出贡献。只有这样才能实现自己的人生价值,在面对未来世界挑战的时候才能够做到从容不迫。思想政治是我国高校教育的重要内容,在教学实践中,我们必须坚持以人为本的理念,将"一个主体"的观念彻底打破,强调教师在教学引导方面起到的主体作用,认识学生在树立正确的世界观、人生观、价值观,为整个社会奉献青年力量的主体作用,培养思想政治教师在教学中的主动创新性和学生在学习过程中的主动接受性,在科学的马克思主义理论的引领下,真正实现中华民族的伟大复兴。

(二)务实求真原则

1. 何谓"务实求真"

(1) 思政教育要符合我国社会发展的客观实际

群众个体所拥有的社会关系以及社会意识等因素,不仅会对群众思想的变化发展产生影响,而且还会对其起到制约的作用。思想政治教育对群众个体与群体的思想转化都有重要影响,并且要重视社会风气以及舆论能够起到的作用。这就要求,思想政治教育出发点与立足点一定要是社会发展的实际以及群众的思想疑难问题现状,不仅应该将群众看成是一个整体,在相同的起点上进行教育,又应该对千差万别的群众思想疑难问题深入细致地进行研究,并对其加以解决。这样一来,就能够让理论与实践紧密地联系起来,让思想政治教育本身的针对性以及有效性得到增强。要想能够对群众思想发展变化的规律有准确的了解与掌握,那么就只能与实际紧密贴合,做好与之相关的调查研究工作,让思想政治教育的针对性、系统性以及创造性不断得到增强。

(2) 思政教育需结合利益引导

群众的思想、行动都与其自身利益密切相关,利益是群众进行生产及一切活动的动因,同时也是群众思想疑难问题产生的根源。马克思主义的基本原则,就是让群众对自身的利益有充分的了解,并且让群众团结起来,为之进行奋斗,所以应该将群众利益作为着眼点进行思想政治教育。从利益导向上看,社会中一切人的关系都是利益关系,社会矛盾之所以会产生,就是因为在利益上存在着差异或者利益是对立的。国家如果想要将人心凝聚起来,让矛盾得到协调,从而形成强大合力,其坚持的利益导向一定要是正确的。利益导向正确,社会不同阶层和群体就会从根本上协调一致,能够共同行动并且产生社会合力。

(3) 思政教育工作者要坚守务实求真的作风

求真务实是党的优良作风的集中体现,作为高校思政教师,也要坚守这一原则来进行教育管理工作。思想政治教育工作者必须养成求真务实的作风,把求真务实、言行一致作为自己思想和行为的重要准则。要做到求真务实就要不唯上、不唯书、实话实说、实事实办、少搞形式、不尚空谈。要爱岗敬业,把工作当事业干、当学问钻,既练"唱功"又练"做功",勇于探索、创新,给学生树立良好榜样。

2. 务实求真原则的意义

首先,从思想政治教育的现状看。随着时代的发展,一些传统的思想政治教育方法已不能适应群众现在的思想;传统的思想道德规范与群众的思想实际不相适应。同时，思想政治教育注重的知识灌输理论，在整体素质教育方面比较缺乏，导致了思想增值教育不能与现实需要相适应。要想让这些疑难问题得到解决，最有效的方法就是在思想政治教育中坚持求实原则，从而让新形势与新发展产生的需要得到满足。

其次，从思想政治教育的作用看。在新时期，创造价值就是思想政治教育最大的价值，可以在精神转化为物质的过程中，让先进的思想和党的路线、方针、政策可以被群众理解与掌握，进而让其变成能够改造世界的物质力量。

3. 高校思政课程如何贯彻求实原则

（1）以务实求真作为高校思政课核心理念

对于思想政治教育来说，其主要渠道就是思想政治理论课，高校思想政治教育传授的知识应该是生动活泼的，而不应该是死板的，应该始终坚持实事求是，从学生的认知特点和接受能力出发，使思想政治教育的内容具有时代性、具体性，所以，在不同的时期，进行思想政治教育的内容也应该是不同的。并且，在新时期，高校思想政治教学不能仅依赖教师对学生理论知识的传授，更要开放理念和方法，充分结合现代化的多媒体教育教学手段，在教育教学中与学生发生教育主客体的互动，提高学生对理论课知识的接受性，提升高校思想政治教育的实效性。

（2）高校学术研究坚守务实求真信念

高校需要在学术领域真正贯彻求实原则，实事求是地对待学术成果，为高校营造健康良好的学术氛围。高校要用求实原则指导学术态度端正。如今，学术不端行为仍然存在，如找写手代笔等不道德的学术行为依旧在源源不断地出现。因此，在进行高校思想政治教育工作的过程中必须要坚持求实原则，加强高校大学生和高校教师学术道德教育，强化学术规范教育\学术诚信教育、科学精神教育、学术法制教育，保持学术的健康发展。

（3）以求实原则完善高校德育建设

首先，高校要以实事求是为原则，进一步完善思想政治教育的领导与制度，把求是原则贯彻思想政治教育教学以及日常的工作中，不仅应该反对所有的形式主义作风，也要反对任何形式的弄虚作假，进而促进思想政治教育的领导与制度完善，真正发挥思想政治教育的作用。

其次，高校思想政治教育工作应该依靠全体教职工，而不能仅依靠思想政治理论课思想政治教师或专业课思想政治教师。提升高校全体教职工的育人意识，要以实事求是为原则，充分考虑高校教职工的人群特点。一方面，要选择合适的载体，利用各种现代化科技手段提升高校教职工的育人意识；另一方面，高校要以实事求是为原则对全校教职工的思想态势进行调研，通过对他们思想现状的准确把握，有针对性地提高他们的育人意识。

最后，在求实原则的指导下进行高校校园文化建设。一方面，高校要以求是原则提升校园物质文化水平，提升校园形象与风貌，对和谐的校园文化氛围进行营造，使学生在潜移默化中接受文化教育；另一方面，高校要以求是原则提升校园精神文化水平，要结合学生现状和需求适当设计校园实践活动，促进学生综合素质的发展。

三、国家对传统文化融入高校思政教育的政策支持

对于马克思主义而言，可将其视为指导思想，是从国家发展层面出发所构建的社会革命理论。但事实上，对于中国传统文化而言，则是文化形态。在思想政治教育中所提到的马克思主义与中国实际的结合，实际上就包括了同中国文化间的结合，因而，也就囊括了与中国传统文化的结合。[①] 将中国传统文化与马克思主义结合，便可提升马克思主义的文化内涵，进而使得思想政治理论课更具丰富性，教学工作开展更为完善，同时拥有更为丰富的文化色彩。

党中央也高度重视传统文化内容在思想政治理论课中的育人功效，自 1956 年开始就颁布一系列政策文件，帮助传统文化重回大众视野。

1956 年，在中共八大会议中提出，针对此前我国发展过程中所积累下来的文化，以及国外一些先进性的文化，可对其进行传承、吸收，同时需要借助现代性的主要手段来对这些文化进行整理与创新，为民族发展创建出新的民族文化。

1995 年，教育应当继承和弘扬中华民族优秀的历史文化传统，吸收人类文明发展的一切优秀成果。[②]

1995 年，德育大纲对高校德育工作提出要求："了解中国的历史和国情，继承和发扬中华民族优秀文化传统和中国共产党领导下的革命斗争传统。"

1996 年，在德育大纲中提到，高校开展德育工作，必须对中国传统文化进行弘扬。[③]

2007 年，在中共十七大会议中提出，要求民众实现对中国传统文化的充分认

---

① 沈壮海.思想政治教育的文化视野[M].北京：人民出版社，2005：50-51.

② 引自《中华人民共和国教育法》.

③ 引自《中国普通高等学校德育大纲（试行）》.

识，同时做到取其精华，去其糟粕。中国传统文化的发展，需要同社会发展背景相匹配，同现代文明之间具有较高的协调性，同时具备较高的民族特性与时代特性。①

2010年，《国家中长期教育改革和发展规划纲要》提出，"坚持德育为先。立德树人，把社会主义核心价值体系融入国民教育全过程。""加强中华民族优秀文化传统教育和革命传统教育。把德育渗透于教育教学的各个环节，贯穿于学校教育、家庭教育和社会教育的各个方面。"②

2012年，在中共十八大会议中提出，"让人民享有健康丰富的精神文化生活，是全面建成小康社会的重要内容。""建设优秀传统文化传承体系，弘扬中华优秀传统文化。"③

2013年，十八届三中全会中对高校教育提出要求："深化教育领域综合改革。全面贯彻党的教育方针，坚持立德树人，加强社会主义核心价值体系教育，完善中华优秀传统文化教育，形成爱学习、爱劳动、爱祖国活动的有效形式和长效机制，增强学生社会责任感、创新精神、实践能力。"④

2014年，教育部指出，"促进思想政治教育与中华优秀传统文化教育的紧密结合，以爱国主义教育为核心，深入挖掘中华优秀传统文化中蕴含的丰富思想政治教育资源，进一步丰富中小学德育课和高校思想政治理论课的教学内容，创新教学方法和手段，提升教学效果。"⑤

2019年，习近平明确指出，中华民族在发展的过程中，逐步形成了丰富而又极具内涵的中国传统文化，在革命、建设和改革过程中锻造的革命文化和社会主义先进文化，为思政课建设提供了深厚力量。⑥从以上简列出的政策文件中不难看出，党和国家近年来非常重视传统文化教育，尊重优秀传统文化的价值，尤其是要借助于传统文化来实现对思政教育工作开展的有力推进。在传统文化中，涉及诸多方面的精华，如修身、格物、正心等，在教学过程中均可借助于上述内容来实现对学生思想道德方面的充分教育。由此可知，为实现对学生素养的强化，加

---

① 引自《中国共产党第十七次全国代表大会》上胡锦涛的讲话．

② 引自《国家中长期教育改革和发展规划纲要》．

③ 引自胡锦涛在《在中国共产党第十八次全国代表大会》上的报告

④ 中共中央关于全面深化改革若干重大问题的决定 [EB/OL].[2013-11-12]. 中国共产党新闻网．

⑤ 引自《完善中华优秀传统文化教育指导纲要》．

⑥ 引自2019年3月18日习近平在《学校思想政治理论课教师座谈会》上的讲话．

强传统文化教育是关键,也是一个极为有用的工具。

四、近些年高校思政教育融合传统文化的反思与总结

(1)高校思政教育忽视了对传统伦理道德观的继承

高校思想政治教育工作从最初开创一直发展到今天,不断地在实践中得到新的提升和跨越,取得了相当瞩目的理论成果和教学成果,一方面,服务于党的马克思主义理论研究和党的建设工作,另一方面,为提高高校学生群体的思想道德水平和政治素养,培养自由而全面发展的社会主义建设事业接班人做出了巨大的贡献。但高校思想政治教育的道德教育过于刻板,缺乏生命力,而且对于道德修养的基本内容或是细节都未能详尽阐述。

道德是做人的灵魂,道德教育是整个教育体系中最重要的部分。尽管高校思想政治教育系统中包含着道德教育的内容,但道德教育仅作为附生于社会主义精神文明建设理论而存在,主体地位不明显而且并没有深入地挖掘传统文化的有益成分,特别是对中国传统伦理道德观缺乏辩证的吸收与继承。儒家思想曾被错误对待,一些传统的道德伦理观也因此被忽视,那时的高校思想政治教育注重的是对人意识形态方面的改造或教育,道德教育仅仅涵盖着爱国主义教育。改革开放以来,以儒家、道家等思想为代表的传统文化又重新回到人们的视线中,许多学者和学科领头人也针对如何利用传统文化的德育思想来充实高校思想政治教育工作做了大量的分析研究工作,特别是儒家思想的优秀理念,在高校思想政治教育实践中意义重大。尽管人们对于儒家思想在高校思想政治教育工作中的重视程度提高,但事实上其大部分的精髓内容还未能够很好地结合在高校思想政治教育实践中,如何更好地将儒家思想融合进去,关乎中国特色的高校思想政治教育的建设。

(2)高校思政教师自身缺乏对传统文化的学习和培训

思想政治学科对于儒家文化的缺失并不只是局限在内容方面,而是存在整个教学体系和整个学术环境中。思想政治教育的工作者自身的素养和教师队伍的建设在整个教学实践中具有重要作用,直接关系到高校思想政治教育的教学效果和学生的成长。当前时代背景下,由于社会对于科学技术的重视,各高校加大了对科研工作的投入,相比之下,对于思想政治学科的投入则严重不足,德育工作的发展也很艰难。在思想政治教育体系中,只有马克思主义学院思想政治教育专业配有经过系统学习、专业培训的专职教师,但道德教育的工作只是交由其他专职教师或者学生辅导员来兼任。这种教师分配结构本身就很难满足道德教育工作的

要求，何况术业有专攻，即使是思想政治教育专业的专职教师也只是对本专业的知识具有深入的了解和把握，许多道德教育的核心内容并不是朝夕之间就能掌握的，再加上高校对于教师队伍的系统培训长期不到位，造成教师队伍难以达到专业化水平。一些思想政治教师甚至对儒家思想最基础的常识都不知道，就更不用说向学生传授传统文化道德教育了。

信息时代最显著的特点之一就是因信息量激增而导致的价值观多元化，日渐发达的网络环境给高校学生提供了增长见识、获取信息的平台，但同时也导致了一些人的价值观容易受到各种影响而产生变化。在这种情况下，如果只是一味地讲传统，用一成不变的教学手段要求他们学习似乎并不容易取得预期效果。改变教学方法，提高教师队伍的专业水平都需要高校加大投入力度，为了积极应对这种新变化，高校应该定期对教师进行培训，并开展儒家文化的相关课题研究，以帮助教师掌握道德教育的最新方向，从而做到既通晓思想政治学科相关理论，又熟知儒家思想精粹，利用更新的教学方法来培养高校学生良好的道德修养。

（3）家庭、学校、社会对学生的传统伦理道德教育尚未形成"合力"

对于个体的教育应该是多方面合力的结果，个人的启蒙教育最初发生在家庭之中，之后才是学校的教育。多数家庭比较重视道德教育，对于儒家传统的"仁、义、礼、智、信"等美德都有较好的传承，但由于受教育程度的不同，对于儒家道德思想的理解也不尽相同，家庭道德教育也并非要培养成为儒家一贯推崇的"圣人气象"，而仅仅是将略懂传统文化作为一种"才艺"。在家庭教育对待智育和德育的态度来看，仍然是智育优先的倾向，无论让孩子参加"奥数班"还是学钢琴，其实质都是为了更好地升学，从而在未来的就业中能有更好、更多地选择，体现出较强的目的性。学校是教育的最主要阵地，为个体提供长期的系统性、专业化的教育，学校教育能够根据一定的标准将知识分学科、分年龄进行传授，取得了很好的效果。但长期以来我国的教育制度也被称作应试教育，尽管素质教育的口号也喊了很多年，可是考试依然是衡量学生学习成果重要的评判标准。

社会环境也是一所重要的"学校"，它为个体提供更加开放的"社会再教育"。社会主流文化意识可以左右家庭和学校的教育思想。不论是高校思想政治教育中较为缺乏儒家道德伦理思想，缺少对优秀传统文化的继承，还是部分家庭在对待教育孩子的问题上奉行功利主义评判标准，这些都与社会现行的主流文化意识有着很大的关联。要促进思想政治教育的创新发展，借鉴、吸收更多儒家思想等优秀传统文化来丰富思想政治教学内容，必须注重上述三方相互协调，互相配合，形成教育"合力"，共同为创建中国特色的高校思想政治教育事业而努力。

第三节 中国传统文化融入高校思政教育的意义

一、社会主义建设对传统哲学思想的需求

在世界四大古文明中，仅有中国文明能够延续至今而未中断，其间虽然经历数次异族入主中原，但事实上都以异族心悦诚服接受汉化为结果，不仅如此，在数千年的中外交流史上，中华文明历来都是独领风骚，为世人所瞩目。在保持民族文化先进性、促进中国文明不断发展的过程中，儒家思想长期作为官方正统思想和教育思想，以其独有的思维主要手段和精神内核，发挥了重要的作用。到了近代和现代，在探索中华民族复兴的艰难历程中，人们对儒家思想等传统文化的价值有一个重新思考与认识的过程。儒家思想从未离开这片土地，传统依然是人们在实践中潜移默化的现在，传统的伦理道德观和以家庭生活为中心的生活主要手段仍然或多或少的作为一种根基而存在。从明清时期开始的西学东渐，西方文化逐渐融入中国人的文化生活，但几百年的融合并不能抹去或者淡化东西方迥异的文化差别，即使在高度现代化、西方化的香港，仍然能看到儒家文化的影子无处不在，这正好说明在现代生活中，传统文化仍然能够与时俱进，并且能够发挥重要的作用，现实不能也无法与传统割裂开来。

当前形势下，尤其是在繁荣社会主义文化事业，办好有中国特色的社会主义教育和建设好社会主义精神文明等方面，儒家思想以其博大精深的内容和与时俱进的特质同样显现出引人注目的时代价值。儒家注重和谐，不仅注重人与自然的和谐，更倡导在人际交往中践行一种宽厚、谦让的品德，儒家的最高理想表现为实现天下大同，这是最高层面的和谐，这对于我们构建中国特色的社会主义和谐社会有着不可估量的作用。习近平总书记在山东省曲阜市进行调研考察时，还特意到孔子研究院，在翻阅了两本儒家书籍后表示，要将两本书带回去仔细读一下。所有这些都表明了儒家思想的时代价值已经越来越被我们党和整个社会所重视，彰显出儒家文化的强大生命力和与时俱进的精神品格。在构建社会主义和谐社会的实践中，应注意到儒家思想的"仁爱""民本"等理论具有重要的借鉴意义和不可忽视的现实价值。"仁爱"是孔子思想的核心，强调的是协调人与人之间的关系，以爱亲人之心爱众人，体现出深厚的人道主义情怀。"民本"思想经过孟子"民贵君轻"理论的发展而受到历代封建王朝统治者的青睐，成为一种重要的

治国思想，带有最初的民生主义色彩，并发展为今天的"为人民服务"理念。此外，儒家思想具有浓厚的"家国天下"情怀，历代都有著名的爱国志士留下诸如"先天下之忧而忧，后天下之乐而乐"[①]"天下兴亡，匹夫有责""苟利国家生死以，岂因祸福驱避之"[②]等脍炙人口的名言，正是因为儒家思想强调个人对国家存亡、天下兴衰应该负有责任感，每当在国家生死飘摇之际，历朝历代都有大量可歌可泣的英雄人物涌现出来，这些事迹都有助于我们现在加强社会成员对于自身社会责任的担当和爱国主义情怀的提高。儒家注重道德修养，从孟子提出的"仁、义、礼、智"德之四端到董仲舒在此基础上演变为"仁、义、礼、智、信"的五常，再到后来"八德"，这些都是儒家坚守并践行的道德信条。道德还有相当的额外作用，正如孔夫子所说的："道之以政，齐之以刑，民免而无耻；道之以德，齐之以礼，有耻且格。"这体现出的治国思想正是我们贯彻落实"以德治国"理念的理论依据。

二、传统文化在思政教育中具有促进作用

高校思政政治课由于内容偏重于理论式说教和"高、大、全"式的榜样塑造，导致在课堂授课时只有教师一个人略显空洞乏味的讲授而没有形成与学生之间的良性互动，既远离了高校学生的实际生活，也没有能很好地结合、利用传统文化。传统文化对于高校的思想政治教育课程有着非常的价值，并不单纯体现在"戏彩娱亲"等历朝历代的知名儒士在各自的道德实践中自觉遵循儒家道德规范而被传诵的千古佳话上，而是能够为高校思想政治教育提供丰富的教学素材，更重要的是儒家思想中包含着丰富的德育思想以及成熟的教育体系和理念能够为高校思想政治教育的主客体双方提供借鉴和参考。儒家思想包含的丰富的道德教育思想，既涵盖了尊老爱幼、长幼有序的家庭道德教育，也有以仁爱为核心，注重礼仪的人际交往准则，所谓"礼之用，和为贵。先王之道，斯为美"，并且将人的道德修养上升到要能契合天地自然的高度，为了达到"天人合一"，实现"圣人气象"的最高理想，儒家探索出了一系列修身养性的方法，这些都能够补充高校思想政治教育的教学内容，帮助建立具有中国民族特色的完备的高校思想道德教育。

（一）传统文化的爱国思想有助于落实爱国主义教育

爱国主义精神是中华民族在历史发展中最宝贵的精神财富，它维护了中华文

---

① 引自《岳阳楼记》，（宋）范仲淹著.

② 引自《赴戍登程口占示家人》一诗，林则徐作.

明数千年辉煌而不中断。新中国成立后，爱国主义传统被很好传承下来，无论是爱国主义精神内涵还是爱国主义教育，都得到了极大的丰富和发展。当今时代，虽然说和平与发展是时代主题，但我们绝不能松懈爱国主义教育，正如前人留下的古训"忧劳可以兴国，逸豫可以亡身"①，其中蕴含着的深刻道理提醒我们，加强爱国主义教育就是稳固社会主义事业。在当前形势下，要办好有中国特色的社会主义爱国主义教育不仅要加强社会主义红色文化教育，还应当注意到以儒家思想为代表的传统文化中包含着一脉相传的爱国主义精神，在思想政治教育中应该充分发掘这些传统的、具有独特民族色彩的内容。

儒家注重爱国主义的教育，从孔子的儒家学说开始，"忠君爱国"就一直是儒家政治思想的重要内容，经过历代大儒的发展和倡导，入世进取、兼济天下的思想成为读书人毕生的追求。"在家尽孝，在朝尽忠"，所谓"疾风知劲草，板荡识诚臣"，为主尽忠是儒家认可的最主要的一种爱国主义精神。尽管儒家"忠君爱国"思想中有一味强调君主至上的封建主义因素，但我们仍能辩证地得到许多有益的借鉴。在"大道之行也，天下为公""国而忘家，公而忘私"②中我们能看到大公无私的集体主义精神，在"修身而后家齐，家齐而后国治，国治而后天下平"中我们能看到儒家特有的家国天下情怀，从宋朝范仲淹的"先天下之忧而忧，后天下之乐而乐"到清朝顾炎武的"天下兴亡，匹夫有责"中，我们能看到那种深沉的忧国忧民意识和强烈的社会责任感，在"捐躯赴国难，视死忽如归""人生自古谁无死，留取丹心照汗青"中，我们看到扶大厦之将倾，舍我其谁的爱国主义情怀。正是因为儒家思想一贯以来将国家之兴衰存亡作为每个人与生俱来所要捍卫的最高天职，古往今来，每当国家面临危难的时候，总会涌现出许多仁人志士，他们毁家纾难，尽忠报国，"虽九死其犹未悔"，以自身的爱国壮举在历史的书卷中留下了可歌可泣的壮丽诗篇，尽管时隔久远，但事实上我们仍然能从这些爱国主义者的人生经历和著述中感受到他们饱含深情的爱国情怀。这些闪耀在历史中的爱国主义者，其人生经历和生平著述正好可以作为当今高校思想政治教育的素材。

社会主义的爱国主义和儒家宣扬的爱国主义是有区别的，在爱国主义教育实践中，对于儒家爱国主义思想中所包含的精髓应该采用批判继承的态度来辩证对待，摒弃其中诸如被斥之为"愚忠"的封建思想因素，对于其中的诸如"夙夜在公""以

---

① 引自《伶官传序》，（宋）欧阳修著．

② 引自《汉书·贾谊传》，班固著．

公灭私，民其允怀"等有益成分则加以继承并发扬。思想政治教育是加强爱国主义教育的主阵地，高校思想政治教育始终将培养和提高学生的爱国主义情怀作为一项重要的教学目标，因为爱国主义有助于提高民族自尊心和自信心，有助于增强民族向心力与凝聚力，同时也是我们建设有中国特色的社会主义事业的精神动力和保障。对于个体的成长而言，高校学生是国家的栋梁，社会主义事业的接班人和开拓者，爱国主义素养能够帮助他们树立起崇高的人生理想，在实现其远大抱负的过程中不断勉励并激发他们的进取心，这对塑造高校学生正确的人生观、世界观和价值观都有着极为重要的作用。高校学生应该自觉提升爱国主义素养，以先辈们如经天日月般的爱国壮举陶冶自己，早日践行为中华崛起而读书的爱国理想。

（二）传统文化的道德追求有助于深化高校思政德育

高校思想政治教育最重要的教学目标是为社会主义事业培养人才，帮助实现他们全面而自由的发展。这里所说的全面发展，是指人的道德水平、智力水平以及身体素质等多方面的全面发展，其中，道德水平的高低是决定一个人在社会生活实践中如何取舍的关键，因为一个人无论智力水平如何，能力如何，如果没有良好的道德修养，就不会自觉担承自身的社会责任，也不会把为人民服务作为自己的行为准则，甚至走上危害人民的道路。因此，在思想政治教育的实践中，应当加深对道德教育的认识，把培养学生高尚的道德修养作为重要的教学目标，通过各种有益手段来帮助他们最终成长为德才兼备的人。儒家道德修养教育在高校思政道德教育实践中有着独特的价值。

儒家重视个人的品德修养和人格操守，以"内圣外王"的"圣人气象"作为毕生的学习榜样，他们认为人独有的道德操守是造成"人禽有别"原因，孔子归纳出一个人的理想生活状态是"志于道，据于德，依于仁，游于艺"，并把良好的道德情操视为生活的基础，人的一切活动都应该以"德"为依据。事实上高尚的道德修养并不是一朝一夕就能够养成的，它必须通过后天的教育和自身不断的努力而提升，最终达到"止于至善"的最高境界。因此，在儒家教育思想中，道德教育被作为最为重要的内容之一。孔子曾告诫弟子们，对待道德的态度应该是"君子不患人之不知也，患德之不修也，己之不学也。"又提出了"弟子入则孝，出则悌，谨而信，泛爱众，而亲仁，行有余力，则以学文"的道德教育主张，并且应用在自身的教学实践中，所培养的孔门三千弟子中有许多人成为名动一时的大儒而且青史留名，儒家学说也因此成为当时的显学。孟子继承了孔子的德育思想，提出了"性善论",指出人被后天环境遮蔽住的善的本性能够通过道德教育来唤醒,即"恻隐之心""羞恶之心""辞让之心"和"是非之心"的回归能使人具有"仁、义、礼、智"四种美德。孟子重视环境对人的影响,主张"设庠序学校以教之",学校不仅仅被视为学习文化知识的场所,更被作为"明人伦",提升道德修养的地方,体现了儒家一贯的重视道德修养的主张。南宋的理学大师朱熹同样重视道德教育,他在《近思录》中谈到"先王之学,以明人伦为本",他所说的"明人伦",指的是"父子有亲,君臣有义,夫妇有别,长幼有序,朋友有信"的伦理道德,在处理好这五者关系的基础上,他又进一步提出所谓的"八条目",即"格物、致知、诚意、正心、修身、齐家、治国、平天下",明确指出个人需要通过不断的修养才能提升自身的道德品质。在生活实践中,朱熹践行儒家倡导的"知行合一"理念,在说起自己书院讲学的主要原因是"修德是本,为要修德,故去讲学",作为儒家的集大成者都需要在生活实践中不断地"修德",这对后世的我们有极大的启发。

一般来说,对于个人道德修养的提升比知识素养的增加更为重要,尤其是在当今社会道德滑坡、物欲横流的现状下,高校思想政治教育应该注重借鉴儒家思想对于道德品质及人格理想的不懈追求,深刻挖掘儒家思想中的德育思想和道德修养方法,但在同时也应该注意甄别儒家伦理道德观念中所包含的封建主义糟粕。在具体的教学实践中,将现代与传统融合起来,陶冶学生的道德情操,提升他们的道德品味和人格力量,以期增强他们对于庸俗道德观念的免疫能力。

(三)传统文化的教育思想对于高校思政教育有指导意义

如前文所述,在当前形势下,高校思想政治教育在具体的教学过程中存在的教学方法较为单一,不太注重解决学生差异性状况和教学内容有时脱离学生的实际生活等问题,虽然近几年各高校一直都在积极地进行创新和深入改革,但事实上在具体的教学实践中,一些成果并没能取得预期的效果。儒家思想具有积极的育人功能,针对这些问题,我们不妨从儒家教学思想中来寻找答案。

《论语》中记载了一段关于孔子教育他的儿子孔鲤的故事,孔子问孔鲤有没有学习《诗经》《礼仪》,并告诫他如果不学习《诗经》就无法和人沟通,如果不学习《礼仪》就无法立身,于是孔鲤退而努力学习。这个故事反映的是儒家学派对于教育的一贯重视,儒家的祖师孔夫子同时也是古代私学的首创者,从孔子在山东曲阜的杏林聚徒开坛,数千年来,历朝历代的大儒既是继往开来的大学问家,同时也是著书立说,开宗立派的大教育家。儒家在几千年的育人实践中,教学思想不断深化和发展,逐步形成内涵丰富的教学体系,其中的一些教学思想至今令人受用。

首先，儒家注意到个体具有差异的现状，针对不同的个体来"因材施教"，所谓"中人以上，可以语上也；中人以下，不可以语上也。"[1]这是强调在教学实践中，应该针对学生具体的理解能力和智力水平进行差别而有针对性的教育，不能盲目拔高，一锅乱炖。孔子还注意到每个学生都有各自的特长和爱好，针对这一点，他认为应该有针对地培养他们不同的技能和专长，使每个人都能成才。教育是针对人的教育，教师应该对自己的学生有一定的了解，孔子说："不患人之不己知，患不知人也。"基于对学生们迥异的性格特点，孔子也耐心的分别采取不同的教育。举个例子，针对冉求和子路一个内向封闭一个外向莽撞的性格特点，他告诫二人："求也退，故进之，由也兼人，故退之。"世界上没有两片完全相同的树叶，儒家的"因材施教"教育理念能确保每个个体都能享受到最适宜自身发展的教育。南宋的大教育家朱熹再次肯定了儒家"因材施教"的教学方法,他说"圣贤施教，各因其教材，小以成小，大以成大，无弃人也。"现在的高校思想政治教育大多以大课堂、公选课的主要手段来开展，在有限的课时内，面对数量众多、不同专业的学生，很难做到对每个学生都面面俱到，但事实上我们可以针对不同的专业，不同的年级细分出若干部分的学生，针对他们共性的特点，在教学实践中做到"有的放矢"。

其次，儒家重视在教学中多采用启发式的教育方法。子曰："学而不思则罔，思而不学则殆。"孔子不赞成死读书的学习方法，他强调学习过程中思考的重要性，而思考的目的就是达到举一反三的效果，在这个过程中，教师作为一个启发者而不是单纯的传授者，让学生主动地去学习，而不是被动地接受。孔子讲"不愤不启，不悱不发，举一隅不以三隅反，则不复也""告诸往而知来者"，就是告诫学生应该在学习过程中要勤思考，善于发散思维，做到"闻一以知十"。朱熹同样不主张对学生采取灌输的教学方法，他说"君子教人，但授以学之之法，而不告以得之之妙。"认为教师应该是"授之以渔"而不是"授之以鱼"，在教学实践中不能总是一味采用灌输的方法，始终牵着学生的思维而不注重启发他们进行自主学习，而学生应该自主掌握知识而不能总是依赖于教师。灌输式的教育方法仍然是当今各个学校的主要教学手段，由于学生们在升入高校前长期接受的是这样的教学方法传授的知识，以至于他们已经习惯于被动的获取知识，自身的求知欲和创新能力大打折扣。高校思想政治教育由于课程内容比较抽象，涉及纯理论性的

---

[1] 引自《论语·雍也篇》.

知识点很多，在实际教学中如果不注重采纳启发诱导式的教学方法，很容易让学生感到空洞乏味而丧失学习乐趣，因此，高校思想政治教育在教学中应该着重借鉴采纳儒家的有益教学方法。

再次，儒家提倡教学主客体之间要实现"教学相长"，认为在教学活动中，教师固然起着主导作用，但事实上如果高校大学生和高校教师之间能够形成良好的互动，对于实现教学目标，活跃课堂气氛乃至对整个教学活动都有着毋庸置疑的积极作用。孔子明确肯定了这一点，他曾说过"启予者商也"，认为自己在教学实践中，自己与学生之间的讨论不仅促进了整个教学活动，而且对他自己来说也是裨益良多。思想政治教育课程在授课过程中大多偏重于采用说理式的教学方法，较为缺乏教学主客体之间的互动，这对教学目标的实现是不利的。在教学实践中，可以多借鉴儒家提倡的"教学相长"思想，围绕更好实现教学目标，将本门课程中存在的各个教学难点、重点先辨析再论述，多鼓励头脑风暴式的教学尝试，形成良性的课堂互动，增加课堂趣味性和学生参与意识。物质的交换并不能带来量的积累，思想的交流却能带来意识的飞跃，采用教学相长的教学互动可以达到双赢甚至多赢的预期，一方面，课程的教学目标能够圆满的实现，另一方面，学生的思想政治水平获得了提升，同时，授课教师也能获得新的认识，自身也得到了全新的发展。

最后，儒家强调在生活中践行"知行合一"。儒家注重道德修养，不仅体现在对于他人的说教，更在于他们坚决做到身体力行。孔子曾告诫弟子说："先行其言而后从之""古言者之不出，耻躬之不逮也"，在做人处事上，孔子严于律己，以身作则，用实际行动来教育自己的弟子和世人，"身正"才能"修身""正人"。在思想政治教育中，同样存在这样的问题，如果施教者本身不具备高尚的道德修养，只是一味教育他人如何如何而自己却不能言行一致的话，不仅无法得到学生们的信任，而且不可能培养出什么优秀的人才，正如孟子所说"吾未闻枉己而正人者也"。儒家所倡"知行合一"的理念符合我们党一贯的"实事求是"思想，这也是思想政治教育的授课内容，榜样的作用在教育中具有最直接的力量，被誉为"中国最美女教师"的张丽莉，在危机突然降临的瞬间，她并没有选择逃生而是勇敢的救出两个学生，自己的双腿却惨遭碾压。她的实际行动对儒家杀身成仁、舍生取义做了完美的注解，同时她也真正成了为人师者的榜样。因此，教师应该在不断提升自我修养的前提下，用自我的身体力行来对学生进行实事求是的教育，事实胜于雄辩，让他们直接感受到、震撼到并参与进教学实践中来，把枯燥的理论转换为现实生活中的实际情况才能真正实现我们思想政治教育的最高目标。

儒家思想中富含的教学方法和理念还有提倡分阶段性的渐进式教育和注重教育的连贯性，重视榜样培养及"善""良知"的引导等思想，对于思想政治教育有着独特的价值和借鉴意义。近些年来，从我国教育主管部门到高校负责人再到教育各个参与者都对当前的教学状况进行了深刻的思考，并进行了卓有成效的改革和创新。高校思想政治教育在培养一个德智体美全面发展的人才过程中发挥着最基础最关键的作用，虽然近些年的课程改革和创新创造了相当的教学成果，但事实上仍然需要不断发掘和探索能够支撑并推进思想政治教育继续发展进步的动力。儒家思想经过千年的传承与发展，具有显著的民族特色，深刻的思想水平，并且本身作为一种典范具有极强的教育意义，这些对于弥补当前高校思想政治教育实践中存在的不足有非常巨大的价值和实际意义。

三、传统文化对大学生提升自身道德修养具有极高价值

教育以育人为本，道德修养是立身之本，思想政治教育以培养全面发展的人才为教学目标，提升学生的道德修养是其中的重点。儒家、道家十分重视个人道德情操的修养，在几千年的传承中，形成了非常完善而系统的道德观念和修养方法，这些思想在高校思想政治教育中的回归，势必对强化学生主体对道德情操观念和自我修养能力的提高有着巨大的作用。

（一）引导高校学生学会自我反省

传统哲学思想注重个人道德的自觉自律，孔子提出了"见贤思齐""克己内省"等著名的道德自我修养方法，认为个人道德水平的提高根本动力在于个人的自觉性，在于个人的反省能力。《中庸》一书中记载有"反求诸其身"的反省方法，也即孟子所要求的在道德实践中要多从自己身上找问题，找原因，认为"行有不得者"都应该首先做到"反求诸己"，在《孟子·公孙丑上》中，他举了一个例子说："仁者如射，射者正己而后发。发而不中，不怨胜己者，反求诸己而已矣"这和曾子"日三参省乎己"是一个道理。儒家的这些自我修养功夫对于当今高校学生有着重要的意义，马克思认为在事物的发展过程中，内因起着决定性的作用，个人在追求自我道德水平提升的过程中，同样应该首先注意到内因起到的决定性作用，不能一味地依赖外部环境的教育而被动接受。在思想政治教育中应该融入儒家自我反省，自我提升的道德实践方法，增强高校学生在道德教育中的主体意识，激励他们的道德实践积极性，从而实现由道德的他律转为自律。

儒家对于道德的自我修养并没有止步简单的反省，反省的目的在于找出不足进行改过和升华。在这方面，孟子说自己"善养浩然之气"，他提出了"存养"和"扩充"的理论，认为人的天性本来是善良的，但事实上后天的生活环境中存在邪恶的影响，"存养"和"扩充"的修养方法能够保持人的本性不受染污，通过不断的努力，最终达到"圣人"的完美境界。高校学生在自我修养中应该充分借鉴这些理论，道德的提升不是一蹴而就的，一方面，应该注重加强自身的反省，见贤思齐，见不贤而思改过，另一方面，也应该在自省的基础上不断改过迁善，将道德理念不断内化为自己的人格，实现道德的真正提升。

（二）为高校学生树立正确价值观

孔子说："三军可夺帅也，匹夫不可夺志也。"一旦确立起追求理想人格的志向，同时便拥有了无穷的精神力量，在"臻于至善"的道路上以圣人为楷模，以贤人为师友，即使是在困境中，也依然是上下求索，九死不悔。颜回是千古留有贤名的孔门弟子，一生信守老师传授的"善道"，重道德重精神而轻物欲轻享受，获得孔子的称赞："贤哉回也，一箪食，一瓢饮，在陋巷，人不堪其忧，回不改其乐。"对于中西文化激烈相撞的今天，再加上社会经济正处在转型时期，资本主义的拜金主义、享乐主义等精神糟粕也应势而起。高校学生深处在这个复杂而多元化的时代，他们一方面接触到一些西方进步的理念，自身也得到了相应的发展，但事实上另一方面由于自身的不成熟而容易受到这些思想观念的影响却又不自知，在日常生活中面对一些价值判断和选择的时候有时会出现与道德的偏离。针对这些问题，无论是儒家践行的重义轻利的君子风范，还是"饭疏时饮水，曲肱而枕之，乐亦在其中矣"[①]的安贫乐道精神，都有着积极的作用。在高校学生树立、培养正确价值观的过程中，应该注意多借鉴儒家思想的有益内核，多用儒家积极向上的思想砥砺自己，"富贵不能淫，威武不能屈，贫贱不能移"，树立起远大的志向，并以一个人格典范为楷模，即使在生活中遇到价值观动摇的情况，也能从儒家思想中获取坚定信念的精神力量。

（三）帮助高校学生建立良好的人际关系

儒家重视和谐的精神，认为"君子和而不同，小人同而不和。""和"的精神本质是儒家提倡的中庸思想，所谓中庸就是不偏不倚，凡事不走极端。儒家"和"的理念运用在人际交往中就是"以和为贵"，即使是交战双方也能做到只是分出

---

① 引自《论语·述而》

胜负为止。在高校学生之间的交往中,儒家重"和"的理念有益于良好的人机关系的建立,青年人血气方刚、激情四射,境界来临时难免冲动,"和"的本质有助于消解人的争斗之心,从而促成人与人之间的和睦相处。

儒家对高校学生在建立良好人际关系方面的帮助还在于"仁爱"思想,孔子说"己所不欲,勿施于人""己欲立而立人,己欲达而达人",如果在人际交往中,高校学生都能互相体恤对方,用仁爱之心去真诚待人,那么一定能形成一个和谐的校园环境。孟子说过"老吾老以及人之老,幼吾幼以及人之幼",在人际交往中,儒家提倡每个个体都要做到"推己及人"。如果每个人都能做到由己及人,由家及国,那么整个社会就和谐了,这种和谐的人际关系也正是儒家心目中大同世界的写照。

总的来说,传统文化特别是儒家思想对高校思想政治教育实践来说有着非常的价值,无论是教学活动本身还是对学生的塑造。以上所述及的儒家思想在当代高校思想政治教育实践中的价值仅仅只是管中窥豹,随着研究的深入和对儒家经典的深刻挖掘,一定能发掘出更多的益于思想政治教育的丰富内容。

第四节　中国传统文化融入高校思政教育的途径

一、加强传统文化在思政课程中的渗透

中国传统文化作为把中华儿女紧紧凝聚在一起的精神纽带,是我们当代高校德育的重要资源。因此,积极探寻其运用到思想政治教育中的有效路径,使之对学生的理想道德信念产生积极作用,进而不断提升其道德素质,塑造理想人格,使当代高校德育切实发挥其思想作用。

(一)将中国传统文化融入思政课课堂教学当中

英国通过传统文化方面的教育促进学生生理、心理等多方面的成长是国家课程的重要目标之一,他们的课程设置将传统文化置于重要地位。习近平总书记也曾经在大会上指出,要用好课堂教学这个主渠道,不断提升思政教育的亲和力和针对性。因此,我们首先应拓展思政类课程,增加课堂教学比重、优化教学方法以及采用多样化的教学手段,才能够使他们自觉热爱并逐渐认同我国的文化,实现高校德育的最终目的。

1. 增加课堂教学比重

当前来看,我国所开设的思政课主要以马克思主义理论为基础,涉及中国传

统文化的章节部分较少，缺乏相关知识的普及。在将马克思主义与我国实际相结合的过程中，我们也必须将其与我国的传统文化相结合，使两者之间做到互通有无，进而实现共赢。例如，在讲哲学部分时，可以将唯物主义等内容与中国古代哲学思想相联系；在讲生态文明建设时可以将古代对自然"不为"等思想相结合；在讲社会主义核心价值观时可借鉴儒家思想的学说；在讲思想道德修养部分时可以合理穿插传统美德小故事，以古人为榜样，树立大学生正确的价值观念。同时，在推进课程思政与思政课程同向而行的过程中，也可通过增强其他课程中的传统文化教育，在其他专业课中合理运用这些思想内容，进而间接地促进它们两者之间的有效融合。

2. 加强传统文化与教学内容的深度结合

教师要想将新时代思想道德建设与传统文化进行结合，不仅要对该专业知识有充分的研究，也要对传统文化进行深入学习和实践。一方面，教师通过深入学习内化传统他文化，能够得到自身道德修养的加强和行为表现的变化，进而潜移默化地影响学生的道德发展。另一方面，通过学习内化传统文化，能够将优质的教学理念和儒雅的学者风气引入课堂，提升学生的体验感和代入感。教师在高校思政教学中融入传统文化，能够做到"两手抓"，让学生从传统优秀思想与现代先进道德观念两方面得到思想的熏陶。因此，树立高校学生正确的道德观，促进以德立人的教学发展，就要充分了解传统文化思想，加强传统文化与课堂内容的结合。

3. 优化教学方法

那么，要想将上述这些内容合理运用于高校思政课中，高校亟须优化现有的授课模式。授课教师应在把握学生身心发展规律的基础上，积极探索他们易于接受的授课主要手段，不断提高他们的道德素养，使他们自觉接受和深刻认同传统文化，并且乐于弘扬和传承这些文化精神内容。传统教育中"理论灌输式""填鸭式讲授"的授课方式更多地应结合互动讨论、案例分析、探究合作式教学方法，在讲授的同时充分发挥大学生的主动性，教师课下要求同学们积极搜集相关主题资料，课上将自己搜集的内容与大家分享并互相探究讨论，启发学生获得自己独到的见解。此外，教师应随时掌握学生的学习动态，并适当给予反馈，使他们在充分了解传统文化知识的过程中，真正实现课堂教学的作用。2004年以来，上海高校推出了《大国方略》等一批"中国系列"的课程，通过邀请各个专业的名师走向讲台，以各个学科专业角度讲述"中国方案"，深度探索适合当代学生发展的教学方法，推行学校思政教育课程改革。在改革过程中积极引导大学生树立"中国自信"，于无形之中将正确的价值追求和理想信念有效传导给学生。

4. 创新教学手段

采用多样化的教学手段也是增强高校思政课趣味性的重要主要手段。科学技术的快速发展以及计算机多媒体的不断更新，使得高校教学主要手段多样化，更有利学生接受新的知识和拓展知识面、开阔视野。利用多媒体播放音频、视频以及幻灯片等，有利于学生更加形象生动直观的了解老师讲授的知识。例如，上课时播放一些赞扬中华传统美德的小视频、公益广告和电影片段，可以使在潜移默化中接受传统文化的教育，能够很好地引起他们的共鸣，同时能够在学生当中更好地弘扬我国的传统经典。通过这种文字和图片的形式，能够更大程度上加深他们的认同感，自觉将这些内容运用于思政教育当中，增强思政课的理论宣导作用。如我校马克思主义学院不断创新教学手段，先后与文学与艺术学院、外国语学院联袂打造独具特色的思政课，采取以四首歌曲作为课程线索和现场同声传译的特色教学主要手段，使同学们在学习理论知识的过程中产生情感认同和价值共鸣，对于学习和传承红色文化经典、向外国友人宣扬传统文化精神打下了坚实的基础。

5. 合理运用现代教学资源

高校思政教师可通过合理运用现代化 VR 技术、社交网络平台、视频传播平台等现代教学资源，使用创新主要手段传播儒家思想。线上学习领悟平台中，通过视频传播平台与 VR 情景体验的结合，深度融入传统文化进行课堂教学。如让学生在 VR 情景体验中以孔丘之友的身份，真切感受孔子"忠君报国"的爱国精神，将爱国主义情感脱离出晦涩的文字，实现民族精神和爱国主义的情感提升。课后，教师要运用好现代互联网技术，通过创建公众号、讨论组群等形式，发布传统文化思政教育文化相关内容，从方方面面传播传统文化。

（二）在特色活动中将中国传统文化运用到大学生思政教育

要想使我国的传统文化得到传承与弘扬，必须借助一定的活动载体才能实现。高校应不断丰富校园文化活动，在各类活动中逐渐塑造独具特色的文化品牌，逐渐扩大我国的传统文化在思政教育中的影响力。目前，各个高校不断拓展多元载体，运用外在的活动主要手段映射其校园文化和精神品质，不断丰富全校高校大学生和高校教师的人文滋养。

1. 重视传统节日，组织特色活动

我们的传统节日是中华儿女在千年历史发展中丰富生活的一个缩影。形式多样、内容丰富的节日习俗折射出了古代人民丰富多彩的社会生活，也反映出我们古人的智慧与辛劳。高校要积极探索以传统文化节日作为切入点，打造具有特色鲜明、吸引力强的校级精品活动，加深学生对传统节日的认识和对中华民族的认同。高校应结合学校历史发展与传统节日确立相关活动主题，定期举办有关主题活动。在举办活动中应积极动员全校高校大学生和高校教师共同参与，邀请相关部门主管、兄弟院校以及学校周围群众参加，利用现代高新技术和网络媒体进行直播互动，扩大学校宣传力度和影响力。同时，高校在举办传统节日活动时应创新活动方案，设计学生感兴趣的活动节目，在活动中使学生深刻领悟其精神内涵，将丰富的文体活动与个人兴趣结合起来，并不断向学生介绍这些活动的历史来源、主要习俗以及发展历程，寓教于乐，不可仅仅流于形式。同时也可以邀请学校的留学生共同参与活动。在中秋佳节，大家一起品尝月饼等传统美食，一起吟诗诵词，感受古人渴望团圆幸福的美好心愿以及"每逢佳节倍思亲"的思乡之情。但值得注意的是，对于传统节日的继承，我们应结合时代发展，摒弃那些封建落后的习俗，突出其科学进步的内涵，并将其优秀精神发扬光大。

2. 重视历史事件纪念活动，传播爱国精神

高校应充分利用重大历史事件纪念活动，对大学生进行理想信念教育，在纪念活动中培养学生热爱祖国、勤劳勇敢以及艰苦奋斗的优良品质，不断弘扬民族精神和时代精神。弘扬爱国精神，就要充分利用重大历史事件纪念活动，提高大学生对中华民族的认同感，不断增强他们的理想信念。每年的9月18日，我国百余座城市和高校都会拉响防空警报，警示民众勿忘国耻。有条件的学校还可以组织学生前往沈阳的九一八历史博物馆和辽宁辽阳市的白塔公园内的九一八事变策划地纪念馆。在12月9日，学校应积极组织学生举办"12·9"晚会，通过唱红歌、演小品、诗朗诵等形式颂扬1935年12月9日的学生爱国运动，使学生真正了解"12·9"的含义以及激发学生的爱国情怀。同样，2018年作为改革开放40周年、马克思诞辰200周年，各个高校可以以此为切入点，举办理论宣讲、知识竞赛、演讲比赛等等，使学生在活动中感受纪念这些重大历史事件的意义，通过对比今昔，感受改革开放以来我们伟大祖国的繁荣昌盛，感受中国共产党成立到今天的艰辛与困难等。通过参与重大历史事件纪念活动，能够使学生忆苦思甜，感知当代生活的美好，启发学生珍惜当下，为祖国奉献自己的力量。

3. 以红色旅游为载体，共建爱国教育实践基地

高校在组织学生参加红色旅游活动过程中能够激励学生缅怀革命前辈、增长革命斗争知识以及激发学生强烈的爱国情怀。因此，高校应积极组织学生参观历史博物馆、爱国教育基地、英雄纪念馆、名人故居和观看相关历史纪录片以及影片等。因为这些都是我国历史深厚的积淀，其蕴含着的丰富资源能够使学生通过亲身感受，深刻感悟中国人民的坚强不屈，进而产生时刻心系祖国、不断增强其民族自豪感和责任心，潜移默化地转变思想观念。此外，馆校双方应在条件允许的基础上，积极共建爱国教育实践基地。高校充分利用社会优质资源，大力弘扬和培育大学生的爱国主义精神，不断深化高校立德树人的根本目标，引导学生在实践中自觉树立正确的价值观念。2013年8月，历经两年时间建成的哈军工纪念馆正式开馆，这是哈尔滨工程大学系统推进哈军工文化园建设的重要标志性成果。哈军工纪念馆的建立，为学生提供了一个独特的文化传承创新平台，并逐渐形成了传扬哈军工传统的特色育人文化环境。

4. 加强社会实践，构建社会实践教学体系

参加社会实践活动是学生将课本中的科学知识运用到真实生活中的重要一环。大学生通过参加实习和实践活动，不仅能够弥补学校课堂教育的不足，还能够使他们深入社会并了解社会，提高自身实践能力，在社会中磨炼自己的意志。学校大力倡导学生们利用寒暑假期参加工作实习、勤工俭学、志愿者等社会实践，积极带领学生勇敢走出校门，亲自参与社会实践并不断历练自己，在实践过程中深入了解我国的实际国情和发展状况，培养大学生发愤学习、自力更生以及奉献社会的精神品质，在社会实践中感受不一样的文化魅力。目前，大多数高校已将社会实践纳入学校教育体系大纲，明确了实践教学的目标，确立了不同专业的教学重点以及编制了相应的教学方案，形成了较为系统规范的实践机制。除此之外，一些高校还积极建立校外实践基地，充分发挥国家、社会、学校的积极力量，使社会实践基地发挥其聚集人才、发现人才、培养人才的作用。最后，部分高校还不断完善德育综合评测机制。在认定学生专业知识成绩的基础上，提高思想道德素质所占的比重，将社会实践活动学分加入教学总成绩当中，并对真正参加了实践的学生给予鼓励和必要的经费支持，进而使社会实践发挥其最大教育效果。

（三）校园文化建设中积极融入中国传统文化精神

除了课堂学习这一主渠道之外，学校还应高度结合校园文化建设，不断促使我国的传统文化深入人心。学校浓厚的文化氛围具有较强的育人功能，因此高校

可以通过不断加强校园的物质文化、精神文化以及制度文化建设等树立学校良好的校园形象，对学生进行间接地思想引导与熏陶。

1. 加强校园物质文化建设

校园物质文化建设，就是借助学校整体环境中基础设备和环境布置等，直接展现出一所高校的校园文化特色。将优秀传统文化因素渗透到这些硬件设施当中，可以使高校大学生和高校教师更加直接感受到来自传统文化的感染和熏陶，无形之中增强他们对于传统文化的认知和了解，潜移默化地提升他们的品位。高校可通过将教学楼、寝室楼以及办公楼与传统建筑的元素相结合或者建成中式建筑风格，还可以在学校内修建中式亭台楼阁、长廊等，使学生能够通过古代建筑风格来感受其中的魅力。此外，在板报、宣传栏、草坪、路牌、标识语中宣传传统文化内容，向学生展示传统文化节日的来源以及习俗等，增进他们对古代各方面传统的了解。最后，还可以在教室和宿舍楼道、阅览室和自习室中悬挂名言警句以及名人事迹，使这些文化遍及学校每一个角落，使学生无形之中增强了对这些内容的了解与认识。这些雕塑、建筑不仅仅是美观作用，而是通过这些建筑将物质文明与精神文明相结合，再通过物质化的形式表现出来，使学生能够不断增强与传统文化接触的机会，进而不断加深对其的认知，提高其道德素养，将校园文化与学校教育理念更好地继承。

2. 增强校园精神文化建设

校园精神文化建设则是校园文化中最重要的内容，折射出一个学校大学生和教师的整体精神风貌。校园精神文化是无形的，良好的校园风气能够在约束学生不良行为的同时激发他们努力向上、积极进取的精神动力。因此，必须积极将我国的传统文化内容深度嵌入校园精神文化建设当中，构建校园整体积极向上的精神风貌。

一方面，借"有形"传"无形"。高校应加强民主制度管理，改进德育工作，制定符合学校办学特色的校风校训，逐渐将校园精神文化渗透到每位高校大学生和高校教师的心中，营造良好的校园氛围；教师应严格遵守学校制定的规章制度，努力做到"传道授业解惑"，为人师表、无私奉献，关心爱护学生，注意因材施教，引导学生塑造良好品行从而实现自己的个人价值和社会价值；对于学生而言，则应遵守高校大学生行为规范准则以及学校的相关规章制度，使自己的行为规范符合社会及学校要求。同时发扬刻苦努力、不畏艰难的学习精神，在生活中互帮互助、团结友爱，同时增进老师和同学之间的友好关系，进而营造良好的学习氛围。

另一方面，以"无形"塑"有形"，即通过无形的精神文化潜移默化地熏陶和感染，塑造良好的教师形象、学生形象以及学校整体形象。这种无形的校园精神具有强有力的感染力、凝聚力和约束力，能够使教师和学生的情操得以陶冶、行为习惯自觉符合规范。除此之外，通过高校大学生和高校教师共同努力建立平等尊重的高校大学生和高校教师关系，能够形成强烈的集体协作和凝聚力，建构团结、和谐、平等、有爱的学校氛围。苏州大学以"革命烈士"——王晓军命名设立"苏州大学王晓军精神文明奖"，用以表彰在校表现优秀的团体和先进个人。在王晓军精神和历年获奖先进集体和个人事迹的感召和引领下，热爱祖国、敬业奉献、乐于助人等良好道德风尚已经在校园内蔚然成风。

3. 强化高校制度文化建设

制度文化建设在确保学校各项工作井然有序运转的基础上，能够对全校高校大学生和高校教师产生积极的约束和激励作用，有效协调学校各部门以及高校大学生和高校教师之间的关系，从而实现学校科学管理、教师恪守本职、学生健康成长的良好状态。学校制度文化建设要求全校高校大学生和高校教师应按照学校规章程序办事，教师及学生的个人行为符合规范，在完善和规范学校规章制度的同时，营造良好的校园风气，进而积淀成为其独具一格的文化底蕴。高校应深刻意识到加强中国传统文化在校园建设中的必要性和紧迫性，结合新时期学校自身的发展，逐步改变教育观念，逐渐改变原有教育体系，实施制度创新，形成一套完整的规章制度，最大限度发挥中国传统文化的教育作用，使学校管理工作最大程度地实现有章可循、有矩可蹈，进而不断提升高校的办学层次，提升人才培养质量，构建符合高校自身建设的制度体系。

（四）将中国传统文化融入新媒体中

随着全球化、大数据平台、云计算等科学技术的迅猛发展，互联网技术犹如一场沙尘暴，迅速席卷整个社会。在互联网高度发达的时代，传统授课模式受到巨大的挑战。因此教育事业也应抓住时代发展的机遇，将互联网高效融入现代教育活动当中，开启互联网教育创新发展模式。如何在网络时代更加有效的发展和继承优秀传统文化，成为当代高校必须面对的新课题。

1. 构建网络新媒体平台

近些年来，网络教育平台取得了一定的成效，但事实上鲜有涉及优秀传统文化的内容，传统文化与思政教育的脱节使得大学生对一些文化不够了解甚至产生误解和偏见。因此，教育部提出要"建设不断适应时代需要的中国传统文化网络教育平台。"①对于高校则要求"加强校园网络建设""拓宽适合青少年学生学习特点的线上教育平台。"

目前，微信订阅号是师生共享消息资源的重要主要手段，及时向高校大学生和高校教师推送学校近期的活动安排，有助于加强其对学校的了解。在推送文章过程中，适时将一些文化内容作为切入点，设置"传统文化知识小课堂""一天一句至理名言"等模块，使学生在接受信息的同时能够了解更多关于优秀的文化知识，不断增强其人文素养。最后，通过微博、百度贴吧等软件平台发起关于传统文化的相关话题、互动讨论以及投票等活动，鼓励学生畅所欲言，表达其对于传统文化的看法和想法，同时引导学生们之间激烈的讨论，加深他们对相关主题的理解和认识，进而提高他们学习的主动性。中国人民大学依托微人大网络平台，积极建设"课程中心"，实时上传"读史读经典"系列的讲座视频资料，为学生提供灵活的学习途径。

另外，建立独具特色和影响力的"红色网站"和集思想性趣味性于一体的教育网站和网页。"红色网站"是开展网络思政教育的主要途径之一，目前成效较为显著。学校应积极开展网络思政教育活动，通过展示传统文化相关的图文、小视频或者动画来展现思政教育的内容，逐渐改变以前的教育手段，使他们能够将晦涩的理论知识与生动的感官体验结合起来，更加真实地感受其独特魅力，并不断将其运用于当代思政教育当中。同时，相关网站或网页还可以定期举办与传统文化相关的网络知识竞赛、动画设计比赛、摄影大赛、微电影大赛等，不断创新活动形式，创作更多优秀的网络作品，激发学生的创作灵感，同时使他们在创作中表达自己的情感。

2. 构建网络思政教育工作团队

对于价值观还未完全成形的大学生极易被网络上一些负面消息所引诱欺骗，因此，各个高校都应该设立相关部门单位以及成立专门的网络负责人员队伍，积极引发学生的讨论和思考，在不断规范网络发展的同时引导网络舆论走向正规。

其一，制定严格的选拔标准和条件。队伍人员的个人素质影响着整个团队的整体素质，同时也影响着网络思政的教育成效。因此，必须严格选拔一批高质量的网络工作人员。同时，也应进行严格的筛选，坚持任人唯贤、一视同仁，保证高校网络思政教育队伍的高质量和高水平。最后，队伍人员数量要充足。高校网

---

① 引自2014年发布的《完善中华优秀传统文化教育指导纲要》.

络思政工作队伍人员应与全校大学生数量成比例,尽可能地满足全校网络思政工作的教学需求。

其二,做好在岗人员培训工作。对于已经上岗的队伍人员,应定期对其进行岗位培训并提供外出交流的机会。工作人员应紧跟时代发展潮流,熟悉当下网络流行的语言特点和规律,以学生喜闻乐见的形式与学生探讨问题、交流互动,引起他们的兴趣,激发其创造力和想象力。同时,应加强其网络技术方面的技术。他们不仅要具备系统翔实的思政理论认知,还应该提升基本的网络技术水平,更好地为高校思政工作服务。

其三,建立完善的管理体系。俗话说:"没有规矩,不成方圆。"高校管理者应使相关人员了明确其工作内容和管理职责,不断规范网络思政的管理制度。近年来,西华大学高度重视网络建设与管理,不断加强管理机制,先后出台了一系列相关的网络管理方面的文件,成立了校园网络文化建设与管理工作领导小组以及舆情研判领导小组,同时组建了一只由教师和学生骨干组成的"网络评论员"队伍,全天候监控校内外舆情,果断切除不良文化的恶性传播。西华大学的成功实践为各个高校提供了良好的经验,值得学习和借鉴。

3. 净化网络教育环境

当前网络信息鱼龙混杂、良莠不齐,营造文明健康的网络环境是高校网络思政教育的基本条件。同时,高校应提高自身网络技术水平,健全网络监督和审查制度,增强工作人员的责任心,加强网络文化治理,构建别具一格的网络课堂,不断完善健康文明的网络教育体系。高校网络信息主管部门应及时对网络信息进行收集、整理和筛选,剔除网络上的不良信息和网络谣言,协助政府相关部门取缔非法网站,自觉承担责任,增强网络安全管理,为网络思政教育和传统文化教育营造健康和谐的文化氛围。

(五)优化高校思政教育教师队伍建设

1. 端正教师教学态度

作为高校教师首先必须端正其教学态度,做到以身作则,以教师职业道德标准严格要求自己,培养坚定的共产主义信仰和批判性思维,发挥道德示范作用。教师信仰的建立有赖于自身理论知识的学习和把握,而信仰是否坚定则取决教师队伍理论素养是否深厚。高校应积极依托学校资源,定期对教师开展关于中国传统文化和思政教育内容的培训,使教师不断树立坚定的社会主义信念,自身能够采取批判性的态度对待传统文化，在课堂授课中汲取其精华思想，将其运用在思想政治教育当中，并能够从自身做起，自觉自愿地为我们国家的繁荣兴盛奉献我们的一己之力。教师在努力提升自身理论知识的同时，还应积极改进教学主要手段和丰富优化授课内容，培养学生对于传统文化的兴趣爱好，不断增强其在高效德育教育中的实效性。对于高校管理者来说，应通过课堂旁听、对学生访谈以及工作例会等主要手段，对上课教师开展教学评估，及时掌握教师的思想动态。对于一些不当的言辞和态度，相关部门负责人应及时与教师交流沟通，使其认识到自己思想上的问题，并督促其改正。

2. 提高教师理论素质

首先，思政教师要想充分运用传统文化知识，自身则必须全面掌握、深度领会其深刻内涵，既要有坚定的理想信念，认真学习思政专业的理论知识，又要以批判继承的态度促使这两者之间深度融合，贯穿于思政教育各个环节。其次，思政教师应主动学习关于中国传统文化的史学、文学以及艺术等，从历史、文学、艺术等多角度宏观把握传统文化的内容体系。只有老师自身对中国的传统文化有了系统的认识和研究，才能传授给学生正确的知识体系。思政教师在掌握传统文化理论的基础上，还应不断掌握其他相关学科的相关知识，将思政教育内容与其他学科知识相结合，使他们充分感受到传统文化的深远魅力，并且能够提升他们的理论水平。最后，思政教师还应不断提升自我的文学素养。对于高校教师来说，具备一定的文化功底是教学基础。文学知识深厚的教师在通过向学生传授思想政治教育内容的同时，也能够无形之中激发学生的文学细胞。在思想政治教育当中，教师如果具备深厚的文学功底，则能够为思想政治教育内容不断润色，增强课堂的生动与活泼，是学生潜移默化地受到熏陶和感染。此外，高校教师应秉持终身学习的教学理念，对自己要高标准、严要求，不断提升个人的理论文化水平和个人技能。只有这样，才能够不被当今时代所淘汰。

3. 加强教师教学能力

在提升理论素质基础上，教育者还应在实际教学中逐渐提高自己的教学能力。一方面，应充分利用好课堂教学这一主渠道，在时代发展潮流当中不断创新教学手段，丰富教学内容。在课堂上应熟练运用多媒体等现代技术以及灵活的教学主要手段，将教授知识内容"活"起来，并能够实现传统文化与思政教育之间的相互融合，加强学生的基础文化认知，逐渐将这些内容内化于心，进而创建有效课堂。另一方面，各个高校的马克思主义学院或思政部应积极组织思政课教师，针对教学过程中出现的问题和学生反应状况，积极开展相关主题的教研活动，教师之间展开相互讨论学习，在交流探讨当中获得启发，并在之后的教学过程当中付诸实际，转化为实际行动，最终不断提高他们的教育教学能力。

另外，除了思政课教师外，全校辅导员则承担着更重的思政教育工作职责。高校在不断优化教师队伍建设的同时，应更加注重对相关人员的严格考核和制度管理。当学生在思想出现不良倾向时，辅导员可以与之交谈，并有意识地运用一些传统文化资源，切实加强与他们之间的沟通交流，对他们因材施教、循循善诱，合理运用传统文化中的教育理念和教育方法，使学生能够敞开心扉，毫不保留地表达自己的想法，最终达到思政教育的目的。

总之，当今全球化时代背景下，将中国传统文化运用到当代思政教育当中，是中国高等教育亟待加强的重要内容。加强大学生德育教育，需要社会、高校、教师以及大学生之间相互配合、相互促进，形成强大的教育合力，共同促进传统文化与思政教育两者之间的深度融合。通过多方努力，使学生深刻认识到其在当代思政教育中的重要价值，并逐渐接受和认同优秀传统文化，真正做到以传统文化为骄傲，以弘扬中国传统文化作为己任，将我们古老的中华文明带出国门，走向世界！

二、传统文化在思政教育改革中发挥作用的路径

（一）优化考核制度和课程体系

思政教育工作中，如何实现传统文化价值一直是较为困难的问题，传统文化有着较深的潜在价值，必须在合理的作用机制下才能够发挥其蕴含的价值。在进行这一工作的过程中，需要多方面配合协调，建立良好的思想环境和教学氛围，强化传统文化教学的同时，也要充分重视文化教育制度建设和组织建设。部分充斥着浮躁气息的大学文化在不断丢失传统优良精神文化，思政教育工作者需要意识到这方面的问题。传统优秀文化的继承、传承可以有效促进中华民族的伟大复兴过程，具体实现的过程首先要形成宗教哲学艺术一体化的精神形式，与礼乐诗教结合为一个和谐的整体。在社会主义道德建设过程中，需要做好文化精髓的完善和传承，可使用电视台等新闻媒体对其中的核心文化进行介绍，同时可使用主题片等主要手段进行宣传。在选拔人才或者进行成绩评定的时候，也可以将儒家文化作为一个考核元素，在开始之前就对此进行明确说明，强化学生对于传统文化的学习积极性。大学有着多种多样的教育机制和考核机制，教育传统文化的过

程中，可以采用必修、选修课共行，同时不定期开展讲座的手段强化传统文化课程的教学效果。这样潜移默化的教学手段可以充分地将传统文化内容加入学生的日常生活和学习过程中，有效促进学生对于优良传统文化的学习和继承。

（二）利用信息技术推进传统文化在思政教育中应用

高校思政教育改革的背景下，高校需要编好教材、建好队伍、抓好教学，而教学过程只有学生真心喜爱、让学生终身受益，才能够让学生有足够的主观能动性。网络技术的快速发展颠覆了人们的生活工作方式，这样的过程同样可以有效地促进教育方法的进一步改进和完善。大学生作为年轻一代，是现在网络的主要使用者。在整合儒家文化的重要教育资源的过程中，可以综合应用信息化的措施，使用多媒体平台等手段进行教育工作。首先思政教育工作者在实际进行教育活动的过程中，可以在课堂之外开辟网络教育阵地，比如利用微信自媒体或者微博等定期推送德育相关信息。与此同时可以结合图书馆教学资源，在网上图书馆设置相关的内容和界面，展示传统文化的教育内容。

（三）发挥大学生的主体作用

大学生相对来说已经有了较为完善的知识积累，可以进行更加深入的自主学习工作。以往本科教学中，课堂教学依然是主要手段，但大学生的自主学习也是不可或缺的一部分。所以在改革背景下，需要采取措施，让大学生能够充分意识到传统文化的思想价值，并在发现其重要意义的基础上，进行自主化的学习过程，进而不断地深入学习传统文化思想，用优秀传统文化知识武装自身。

三、将传统文化融入高校辅导员教育管理工作

（一）加强文化熏陶

要让学生感受到传统文化，受到传统文化的感染，需要讲求一定的手段方法，比如在学生的生活中给予耳濡目染的熏陶比强行教育要有效得多。并且辅导员在进行思想教育的时，不要急于求成，要循序渐进。

首先，可以进行文化的宣传，做好文化渗透的第一步，通过宣传海报、校园广播等进行儒家文化的宣传教育。学生的大部分时间都在学校中度过，并且每日的活动场所并不多，每天通过海报等潜移默化的影响有利于思想的融入。其次，利用好学生钟爱的网络环境，通过微信公众号、微博、学校官网等网络平台进行文化的宣传。要利用好学生对于网络关注度高这一特点，学校官方微信、微博等

几乎都是每天拿起手机就能看到的，进行文化熏陶具有很好的效果。最后，可以开展关于传统文化的系列活动来加强文化学习。

（二）传统文化系列课程的讲解

传统文化博大精深，并不不只表层的一点，因此除却生活中的接触，也要有系统的了解，才能够真正把握其精髓。否则仅仅通过课文了解，难以吸取其真正的精华。辅导员在开展思想教育时，可以尝试进行改革，推进传统文化教育课程的开展，把以往枯燥无味的思想教育宣讲改变为传统文化案例的讲解，让学生感受古代行为典范。以往的辅导员思想教育大多是偏向政治教育以及在校生活中应该注意的问题，学生对这一方面总是难以与老师产生共鸣，而传统文化课程的加入展现出了一定的创新性，一方面，有利于传统哲学思想与现代教育结合，建立良好的价值观，培养学生高雅的文化情操。另一方面，可以摆脱当下单一的教育主要手段，加强对传统文化的宣传。

（三）打造传统文化背景促进思想融入

儒家思想是中国传统文化的沉淀，是教育教学的重要思想宝库。儒家思想一方面，以有形的经典著作、传统文献等形式，为教育工作提供参考价值。另一方面，根植于中国人民行为习惯、思维模式、伦理道德等思想感情里，成为无形的民族之魂与社会文化背景。高校思政教师在进行教学的过程中，将儒家思想作为优质文化背景，可以唤起学生内在的、潜在民族文化思想。在高校思政教学中，教师应牢牢抓实文化的潜层影响力，逐步引导学生将教学内容与自身的思维模式进行有机联系。

（四）推进传统文化应用于实践

高校思政教育中融入传统文化不是单靠某一个方面就能完成的，需要多方面的配合，就儒家文化的教育而言，辅导员对学生的理论知识教育仅仅是一个方面，要想真正完成对高校学生的儒家思想教育，必须进行相应的实践活动，以加强对理论知识的进一步了解，如儒家讲坛、道家讲坛、朗读经典、思想汇报等多种形式的活动。通过活动的开展，不仅辅导员可以进一步感受儒家文化，学生们也可以学以致用，儒家文化的传承不能仅仅靠理论，最主要的还是实践环节的开展，将传统文化中的经典牢牢把握并有效传承。

（五）建立学校与家长的动态连接机制

目前的高校学生以 90 后为主，这一代人思想活跃，不喜欢束缚，认为考上大学脱离家长便可以为所欲为。高校要与学生家长建立动态培养教育机制，辅导员老师定期和家长沟通学生在校动态，定期和家长们交流有关学生思想政治教育的手段方法，营造良好的教育环境。

面对当下数量众多的高校大学生，辅导员的思想教育工作开展具有一定的难度，而传统文化的融入，可以为思想工作的展开给予一定的借鉴，可以促进学生人生观、价值观的培养，促进中国传统文化的传承。在进行传统文化的学习同时，也要"取其精化、取其糟粕"，让文化的发展适应时代的潮流。

四、高校落实传统文化与思政教育结合的手段分析

（一）改良教学方向和重点

根据最近在全国各个院校展开的调查研究分析可以发现，众多的大学教育无法将传统文化整合到高效教育教学的实施中，所以，在大学思政教学知识范围的优化和改善必须得到有效落实。大学要将传统文化整合进思政课教育学生的教学方案和教学教育近期任务当中，将中国优良传统资源放进教材、加入课堂教学、建立完整的培养体系和方案。

在平时的日常生活和学生的学习过程中，要多层次促进互联网教学方案，在上课期间增强学生自我的能动性和主观的主动性的最大程度的展现，同时利用适当热点的生活话题进行引导式和讨论式的学习活动。在此期间，老师要激励和鼓舞、号召学生完成社会志愿的动手的各种实践操作，利用这些实践操作让学生从中切实的掌握中华民族的传统文化的真实意义。

（二）增设网络教育阵地

信息科学的发展日新月异，因特网、模拟和数字信号、智能手机等占据了人们的平时的生活，同时跃居为平时学习和沟通交流的重要途径和主要手段。互联网逐渐变成学生搜集资源和学术的速度最快、最方便有效的通道和措施，对大学生的自我提升、平时的生活，甚至是精神框架都具有普遍而意义深远的作用。

大学应持续创新传统文化教育的进程和渠道，增设网络教育，最大限度发挥网络的核心影响，利用建设以网络为核心的传统文化培养区块，为大量的学生可以完整地进行思政教育提供极大便利。现在，众多大学都建立了自己的网站，可以借此为契机，把大量理论转化为音频和视频等富有感染力的资料提供给学生来学习，使得学生感受到传统文化的核心能量。校园网站的创建，不单单减少了学

生和老师之间的隔阂,让学生耳濡目染的接受学习内容,同时可以有方向性地对学生日常生活中所发现的疑难杂症逐一讲解,对学生精神层面完成有针对性的引导。所以,思想教育老师需要完善的学习网络科学,对大学生进行多角度的教育和引领,同时对网络资源完成详尽的审查,为大量的学生增设更加行之有效的思政教育手段和实施方案。

(三)促进思想政治教师人才的自我修养

教师必须要坚定政治方向,促进思想道德的建设和教育,推进国家和社会使命感的形成,完成大学生自由生活和成长的方向标和指路牌。所以,改良大学思政教师人才培养和建设制度是必不可少的。然而,从现在的发展方向来判断,在大学思政教师人才的引进和相关后期建设的流程中,许多教师没有相对应的职业道德、自身素质层面的修养资格,除此之外无法将足够的时间投身自己的事业,自身对中国传统文化都知之甚少,在课堂期间得过且过,使得大学思政课的教学成效甚微,无法展现本科目当初设立的初衷和最终课程效果。

(四)教师授课的态度要得到正视

教学的实施是一种对世界的认知和了解的过程,其为学生学习和老师教学的两个部分的结合体,教师的根本任务是教书和育人,因此其在对外界各方面的综合素质,影响着能否完美的建设学生的知识框架,达到提升相应的方法和动手能力的终极要求。同时教师的教学心态在一定的层面影响着能否提高和增进学生的个性和精神状态的健康成长,具备良好的思想道德境界。必须将思政教育视为一门非常关键的学科来加以重视,在教学的过程中主动的优化教学措施,要严于律己,完成自己的职责和工作任务,这样才可以促进教育的效率,另外要言行一致,这样才可以促进和提升学生学习思政的积极性。

(五)加强教师对中国传统文化的学习和理解

知识渊博的教师通常会赢得大量学生的认同和尊重,所以,持续地完善教师的知识深度和广度,多层次的理解传统文化的深层次的内涵,持续为老师自身提供知识能量,广泛理解和接触不同门类的内容和信息,让多层次的传统知识持续的装备教师人才,来展现他们自身的影响力,通过这些措施,方能得到更多学生的认可和接受,来促进和增进学生对传统文化浓厚的激情和兴趣。

第五章　将中国传统文化融入高校思政教育的实践

在中国传统文化蓬勃发展的今天，在高校思政教育创新改革的新时期，将中国优秀传统文化深入高校思想政治教育已经是大势所趋，是提高高校思政教育有效性的可行之法，是促进高校实现立德树人目标的一条捷径，更是为高校学生开启人生智慧、铺就人生坦途的重要举措。

本章对将中国传统文化融入高校思政教育的实践展开研究，分析中国传统文化融入高校思政教育过程中的阻碍和困境，以及将传统文化融入高校思政课程的有效举措，最后对如何将中国传统文化融入高校思政教育的措施进行说明。

第一节　中国传统文化融入高校思政教育的阻碍

一、高校思政课理论教学的现实困境

（一）大学生对高校思政课程价值的认识不足

大学生对高校思政课程价值的认识存在误区是造成大学生不太认同此课程的内在原因和根本原因，而造成他们对此课程价值产生错误认识的原因又是多方面的，主要表现在以下三个方面。

1. 不能深度认识高校思政课程性质

高校思政课程不仅是知识课程，也是能力提升和理念培养的课程，它旨在引导大学生通过相关知识和理论的学习，传授给他们科学的世界观和方法论，培养他们分析疑难问题和解决疑难问题的能力，同时帮助他们树立远大的奋斗目标，

增强他们的求知欲望。然而现实中却有部分大学生认为此课程过于空洞、脱离社会，对自身未来的发展没有太大帮助，甚至还有部分大学生认为此课程仅仅是维护统治阶级统治的工具。这些错误的认识在一定程度上制约着他们对该课程性质的准确理解，影响着他们对此课程价值的认识和判断。

2. 容易受不良环境的影响

大学生易受不良社会现象和网络的负面影响。当前我国市场经济在不断推进并且蓬勃发展，但其相关法律法规却比较滞后和不完善，使得社会上出现了诸如贫富差距加大、人情冷漠、官员贪污腐等不良现象；网络具有双面性，尤其是对作为新一代"弄潮儿"正确的价值观念和较强的价值判断能力又尚未形成的大学生来说更是如此。这些不良现象和"网络生活蓝图"与该课程的许多观点是背道而驰的，这就使得处于"三观"形成时期的部分大学生错误地认为该课程是不可信和无用的，从而对此课程的价值产生错误的认识。随着我国改革开放水平的不断提高、经济全球化的进一步加强等使西方一些不良思想和观念影响着大学生的思想，误导着大学生的价值取向，使得部分大学生逐渐形成了实用主义的判断标准和功利主义的价值取向。再加上，部分用人单位片面强调专业技能而忽视思想道德素质的用人标准，使部分大学生把关注自身未来生存状态和如何更好地就业放在首位，他们判断一门课程是否有用的标准是能否为自身未来的就业增添砝码，在他们看来此课程是属于不能直接为他们未来就业服务的课程，是无用的。

3. 大学生的心智和能力存在不足

高校思政课程是一门综合性、理论性、思辨性较强的，强调自主分析疑难问题、解决疑难问题能力的学科，它需要大学生具备比较完善的知识结构、较强的辩证思维和逻辑分析能力、拥有一定的社会阅历和较强的心理素质，而当代大学生的以上能力因种种不良因素的影响又有待提高。如其一，大部分大学生来自独生子女家庭，从小学到高中生活上由父母精心安排，学习上由学校、教师给予教科书式的计划，这在一定程度上造成了他们的心智不够成熟，自主学习能力和学习的主动性欠缺，分析、认识和判断新事物的能力匮乏；其二，中学阶段的他们为了顺利升学，而把绝大部分时间用在学习上，致使他们很少接触社会，造成其生活阅历较浅；其三，由于中高考制度的一些短板，使得他们因专业课学习几乎占据着全部的学习时间，而很少去学习其他方面的知识，从而造成他们的知识结构不够完善等问题。以上因素容易使得部分大学生因觉得此课程抽象难懂，而失去学习的兴趣和动力，长此以往，就会使得他们因体验不到这门课的作用而对其价值形成错误的认识。

虽然，大学生的总体认知与主流社会的要求保持一致，但事实上学生对于思想政治教育主干课程认知却存在明显偏差，对于思政课认知较为肤浅等疑难问题。据笔者了解，有一部分学生认为需要加强政治理论类课程学习；但更多的学生认为自身具备国家、社会要求的品质，适当学习相关课程便可；极少部分学生认为高校课程紧张，思政类课程意义不大，且占用了过多大学时间。因此，提升大学生对高校思政课程价值的正确认识，对高校思政课的教学及大学生身心发展有种重要意义。

（二）高校思政课程教师的综合素质有待提高

随着国家对培养马克思主义理论学科专业人才的重视、各高校选聘该课程教师标准的规范化和对此课程教师培训力度的加大，使得该课程教师的整体素质较以前有了很大的提高，这在一定程度上增强了大学生对此课程的认同，但仍存在因部分该课程教师的综合素质尚待提高而影响着大学生对此课程认同的情况。部分高校思政课程教师综合素质有待提高的方面主要表现在以下几点。

1. 职业使命感有待提升

造成部分高校思政课程教师职业使命感有待提升的原因是多方面的。首先，部分高校思政课程教师的专业认同感和专业理想信念有待加强。专业认同感和专业理想信念是此课程教师爱岗敬业的重要精神支柱，然而现实生活中，一部分教师因对此课程的价值和作用认识不到位，而只把自己所从事的该课程教学看作是谋生手段或一份工作，认为只需要按部就班地完成学校、学院安排的教学任务即可；同时，部分教师因自身的共产主义理想信念不够坚定，而对自己以前所学专业和课堂上所讲内容不信服，这在一定程度上影响着他们的教学热情和动力。缺乏专业认同感和专业理想信念的教师是不可能把此课程教学作为一项神圣的事业去追求，从而产生自豪感和使命感的。其次，高校思政课程教师的现实地位有待提高。虽然国家极为重视高校思政课程的建设和发展，赋予了其教师较高的理论地位，但现实中此课程教师却因此课程被冷落、不被需要而被其他学科教师、学生、家长和社会所看轻，使他们得不到相应的尊重和关注，感受不到作为一名高校思政课程教师应有的荣誉感，这使得他们逐渐丧失了原有的自信和教学热情。最后，高校思政课程教师的经济待遇有待提高。虽然高校思政课程教师扮演着道德示范和具有无私奉献精神等的社会角色，理应追求高尚的精神境界，不被名利和金钱所左右，但邓小平同志曾说过："虽然说革命精神相当宝贵……那也是建立在物质利益的基础之上的，一味地强调牺牲精神，不追求物质利益，是唯心论。"因此，作为一名生活在经济社会中的高校思政课程教师同样有追求自身利益的权利和现实需求。但现实情况是一方面，该课程教师所从事的塑造人、培养人的教学活动和社科类科研均属于理论性质的，很难直接转化为现实生产力，使得他们所获得的实际经济收益与社会其他行业或同行业的其他学科教师相比不占优势；另一方面，此课程教师不仅承担着全校的思想政治理论课程，而且担负着对大学生进行日常思想教育和道德引导等的职责，然而他们所获得的报酬和福利待遇与其所承担的责任和实际工作量却是极其不匹配的，这会极大地削减他们的工作热情。

2. 理论素养有待加强

高校思政课教师要具有深厚的思想政治素质。作为高校思政课教师，党员身份是硬性条件，应具有较强的政治素养。高校思政课教师是中国共产党的坚定拥护者，是先进文化的传播者，是学生健康成长的引导者，坚持正确的思想政治方向，当好学生成长道路上的引路人。

高校思政课程不仅具有特殊的功能属性，还具有学术性，需要此课程教师能够对一些专业疑难问题做出观点鲜明、有说服力的解读，以增强个人学术魅力，这就要求此课程教师要具备较高的专业知识素养。同时该课程又是一门综合性较强的学科，涉及哲学、经济学和法学等学科知识，这就要求该课程教师不仅要有较好的专业理论素养，还要具备完善的知识结构和敏锐的观察能力，保障其能够站在理论研究的前沿和社会现实的基础上，准确地为学生分析、解答一些复杂的社会现象和疑难问题，彰显自身学识魅力，进而增强大学生对此课程的学习欲望。

3. 总体教学能力有待提升

高校思政课程教材体系向教学体系的转化需要教师具备能根据教材体系组织好授课语言、科学整合教材内容和合理重塑授课内容等能力。但现实中部分高校思政课程教师特别是资历较浅教师的这些能力却有待提高。具体表现在以下几个方面。首先，语言艺术有待提高。高校思政课程教师要能将晦涩难懂且带有浓厚政治色彩的教材书面语言经过加工通过通俗化、幽默诙谐的教学语言表达出来，从而让大学生更容易理解和接受，然而现实中部分此课程教师只是照本宣科，照读教材或PPT，这样不仅不利于大学生理解教材内容，也容易触发他们的抵触情绪，从而影响着此课程的教学效果。其次，整合教材内容的能力有待提升。一方面，高校思政课程的内容丰富、理论众多、信息量大，在仅有的上课时间里，教师不可能做到面面俱到。另一方面，高校思政课程的内容在纵向上，与中小学阶段的思想政治理论课有重复,在横向上,该课程内部的不同课程之间也有重复的地方,虽然它们有所侧重,但内容的重复性会客观地削弱大学生的学习热情,这就需要该课程教师在结合教学大纲对此课程教材体系内容整体把握和大学生已有知识水平的情况下,对教材内容有所取舍和侧重,准确把握教学重点。然而现实中有部分教师分不清教材内容主次,在教学中"平均用力",在有限的课时内为完成教学任务而采取单项式的教学模式和满堂灌的教学方法,忽视了大学生的接受能力和课堂效果,严重影响着教学实效性。最后,重塑教材内容的能力有待加强。高校思政课程的理论性、逻辑性较强且较为枯燥,不容易引起大学生的学习兴趣和被其所理解,这就需要该课程教师将教材内容与现实生活相结合,把大学生在日常生活中能体验到、接触到的东西或疑难问题融入教学实践中,使大学生觉得教材上的高深理论离自己并不遥远,从而产生熟悉感和亲近感,这样更容易被大学生所接受,然而现实中部分此课程教师的这种能力却有待加强。

(三) 高校思政课程的教学改革有待深化

近年来,随着国家相关部门和高校进一步意识到高校思政课程在促进大学生成人成才、维护国家持续长久和实现民族振兴中的特殊作用而不断加强对此课程的改革力度。不可否认,他们所采取的措施已经取得了较为显著的改革效果,增强了大学生对此课程的认同,但仍存在一些不容忽视的改革不到位的疑难问题制约着大学生对此课程的认同。高校思政课程的内容丰富、理论性和逻辑性较强,大学生要想全面、准确地理解、掌握教材知识,仅靠课堂上教师的讲解是远远不能满足需求的,需要相应的辅助教材进行指导。此外,目前此课程教材体系中有关实践教学方面的指导用书还较少,制约着实践教学的有序、有效开展。

1. 教材内容编写的科学性有待提升

具体表现在以下几点。其一,教材内容的时代性和说服力有待提高。现有的教材过于强调相关内容的逻辑性和系统性,未能及时将新时期市场经济和社会中出现的众多热点疑难问题融入教材中,致使教材内容的时代性有待提高。即使有时该课程教师在课堂上会涉及这些热点疑难问题,但他们的相关分析和解读也缺乏权威性。其二,教材内容编写的贴近性有待加强。此课程是以讲授马克思主义理论、党和国家历史、国家路线方针政策和学生思想道德培育等理论知识为主要内容的学科,不仅理论性较强、内容较为枯燥,而且其内容又不可避免地带有政治色彩,而当代大学生又具有强烈的叛逆心理,再加上他们的认知能力有限,暂未意识到此课程对其自身发展的积极影响。在这种情况下,如果教材内容编写不能较好地结合社会现实和大学生生活实际，容易让其因觉得该课程"假、大、空"而产生抵触情绪，影响教学效果。同时，当代大学生的自我意识强烈，比较关注与切身利益相关的疑难问题，这就要求在编写教材时要充分考虑大学生的现实需求，着重帮助解决他们所关心和觉得困惑的现实疑难问题，如就业疑难问题、不良社会现象等。

2. 教学主要手段方法运用的科学性有待提高

虽然教师的教学主要手段方法需要符合思政课课堂的纪律性要求，但事实上同样可以借助多种紧跟时代发展步伐的新兴手段。首先，在许多学生甚至是不少教师的认知里，思政课的教学内容是单一且固定的，即由中宣部、教育部主持编写的统编教材。完全且仅依靠教材进行课堂教学确实可以保证纪律性的实现，但弊端也同样明显。思政课因其特殊性，教师不得不反复强调课本里的许多内容以加深学生的印象和理解，这样学生很容易对从初高中开始就不断重复接触的内容产生疲倦甚至厌恶的情绪。要提升学生对思政课的积极性，更好地实现思政课的有效性，思政课教师就需要在纪律性的约束下对授课内容的表现形式进行大胆选择。这包括中央文件、党媒党报的主流声音等，都是可以选择的对象。这些形式的思想政治理论更具有时效性和新鲜度，往往是关于国内和国际的新近发生或正在发生的大政要闻的官方态度。如此一来，可以做到纪律性和吸引力的兼顾。在教学主要手段的选择，主要包括以下两点。

首先，高校思政课程教师掌握的教学主要手段方法不够丰富。教学手段方法的选择和运用极大地影响着教学效果，多样的教学方法、新颖的教学手段可以吸引大学生的注意力，让他们更好地融入学习中。当代大学生思想活跃、民主意识强烈和追求标新立异的特点，需要多样的教学手段方法来激发他们的学习兴趣，但当前有些此课程教师因受"重说教，轻养成、重理论，轻实践"的传统教育观念的影响，使得他们按部就班地采取大学生最厌烦的"教师唱独角戏""一支粉笔、一本书"等老式、枯燥的教学手段方法，而不去尝试更加科学、突显主体性和符合大学生身心特点的教学手段方法，如互动式和探究式教学方法等。其次，高校思政课程教师的教学手段方法的针对性和实效性需要加强。部分该课程教师虽然注重了教学形式的变化和方法的多样，但因教学手段方法的针对性和实效性有待提高，致使这些手段方法失去了应有的教学效果，导致事半功倍。最后，高校思政课程教师不够重视实践教学方法或使用不当。当代大学生思想活跃、蓬勃向上，好奇心、求知欲强，需要少点理论说教，多点实践教学，但部分该课程教师却对实践教学不够重视或使用不够科学，如部分教师不愿意花时间和精力去组织实践教学，认为课堂理论教学更容易被掌控，更安全、更省力等。部分教师在实践教学中的角色定位错误，实践教学应该充分大学生的主动性，应杜绝教师大包大揽的情况，当然为保障学生安全和教学效果，应给予有效的监督和管理；参与实践教学的主体缺乏广泛性，部分教师只允许学习成绩优异的学生参加实践教学，这样会挫伤其他学生的学习积极性；形式缺乏多样性，由于实践经费和实践场所等因素的限制，导致许多高校的实践教学只采取固定的几种形式，只去固定的几个地方，大大削弱了学生的参与意愿，降低了实践教学效果。

3. 考核评价体系有待完善

首先，考核评价标准和主要手段不够科学。其一，考核评价内容的全面性有待提高。一是部分高校在对大学生理论知识掌握情况进行考核评价时，考试内容呆板僵化。在只注重判定学生对课本基本内容识记情况的传统考试目标和"分数至上论"的统摄下，为满足学生对分数的热切渴求，部分高校思政课程教师在考试时将考核重点仅仅集中在基本理论和概念等方面，导致考试内容呆板僵化。二是部分高校在对大学生的能力素质进行考核评价时，缺少对其行为能力素质的考核。目前高校的此课程考核评价内容，主要集中在对大学生的理论知识掌握情况、能力素质和平时学习态度进行考核，但在对大学生的能力素质进行考核时，只注重了对大学生理论知识的实践运用能力进行考核，缺少对大学生行为能力素质的考核。其二，考核手段的科学性、实效性和网络思维有待提升。一是目前多数高校在对大学生理论知识掌握情况进行考核时，所采取的主要手段是"一张期末试卷定此部分分数"的方法，这种方法不仅容易造成学生因疑难问题得不到及时发现和解决而越积越多，直至放弃此门课的情况发生，而且也不利于教师及时发现教学中存在的不足而有针对性地调整教学和及时帮助学生解决疑难问题，因此，其科学性有待提高。二是部分高校在对大学生的能力素质进行考核时，不仅忽视对大学生行为能力素质的考核，而且在对大学生理论知识的实践运用能力进行考核时的主要手段过于形式化，导致其实效性有待提升。三是高校思政课程的"网络化考核"在许多高校虽然已经实施，但因部分教师并未真正认识到互联网对考核主要手段改革的革命性促进作用而导致此种考核主要手段"名存实亡"和效果"事与愿违"，因此，其网络思维有待增强。其三，实践考核评价机制不够完善。首先，各高校虽已普遍采用实践教学的教学方法，但相应的实践考核机制却尚不完善，目前有部分高校只采用书写实践心得等手段进行考核，这种手段太过单一，其科学性、合理性和规范性有待提升。其次，考核评价的实施过程缺乏有效的监督。当前部分高校为避免因统一命题而束缚教师教学特点的负面影响，而采用各任课教师自主命题的方式，这虽然调动了教师创新教学主要手段方法的积极性，但由于缺乏行之有效的监督，容易造成任课教师在对考题难易程度、考场纪律和阅卷尺度的把握上过于随意，降低着考核评价结果的可信度。最后，考核评价结果的反馈作用遭忽视或使用不恰当。真实、科学的考核结果不仅可以反映教师的教学情况，也可以反映学生的认知和践行情况，通过分析考核评价结果，找出不足，分析原因，总结经验，可以促进该课程教学与考核体系的进一步完善和科学化，但当前有些高校要么未对考核结果进行分析，要么就是因监督管理不到位而仅对考核成绩的及格率、优秀率等进行简单的统计和分析，致使考核评价结果未能充分发挥其应有的作用。

二、高校思政课实践教学的现实困境

（一）从学生角度来说

1. 缺乏独立自主精神

随着我国普通高等院校改革力度的普遍提升，所有普通高等院校对思政教育水平的提高都愈发地重视起来，并且纷纷对思政教育课程进行课堂改革，改变传统的单向传输的授课方法，创新思政教育手段方法，突出学生的主体性地位，提高大学生思想道德素养。在进行课前预习的时候，有一些学生对于教师的安排过于依赖，不能独立完成学习计划和目标的设定，没有将其自身的自主性发挥出来。在学习过程中，仍然有部分学生已经习惯了传统的思政教育方法，只喜欢听教师讲课，不愿意主动思考疑难问题。对于教师新的教学方法没有给予积极的反馈，对教师所教授的内容也没有进行积极的思考，表现出思维惰性，更不愿意与教师进行积极的互动交流。对教师所讲的思想品德要求，也没有与自身进行对比反思，调整自身的不足，处于被动消极的状态，而且欠缺思考怀疑的能力，不注重发挥自身的创造性。

思政教育对象的自主性表现在学生对教师所教授的内容和知识进行自主学习、自主选择、自主吸收。学生在思政教育中积极参与活动，对于教师教的知识进行主动地、选择性地学习。在思政教育课堂中，大部分学生都能够自主地、有选择地学习思政教育内容并内化为自己品德的一部分，但事实上也有部分学生对所学内容相对比较消极，没有积极地进行选择。教师在课堂上努力地讲课，学生却不关心教师讲的内容，只是关心考试的内容，对思政教育内容缺乏思考，自主能力差，不能安排好学习计划和学习目标，没有将教师所教授的内容内化为自己的道德修养。

思政教育对象的创造性是其自主性的另一个表现，是学生在反映教师所传授的信息和自身思想品德状况的基础上创造出新的东西。对新的教学方法和教学形式不仅学校和教师可以研究探索，学生也可以积极参与进来，充分发挥自觉能动性。在普通高等院校，教师扛起了研究新的教学方法的重担，学生也没有积极参与研究的意识，未提出自己的意见和建议。在思政教育课堂上有部分学生在学习以及接受教师传递的信息的时候，采取消极的态度，没有与教师进行积极的互动。

2. 价值观有偏差

当前，部分大学生受影响而产生的享乐主义、个人主义等负面思想以及在社会主义市场经济影响下而产生的功利主义、利己主义等思想，与我国所推崇优良传统精神形成对立。部分大学生受多元化价值观和思想的影响，出现了奢侈浪费、攀比心理等价值观疑难问题，导致"校园借"贷惨的发生；也有部分学生作为学生干部官僚气息过重，思想腐化，服务意识较弱。

3. 缺乏网络法律观念

高校大学生网络素养的核心就是网络道德素养。因依靠网络进行的信息传播，基本是虚拟的、匿名的，因此在网络上每一名高校大学生的思想和行为无法被严格的规范，这就需要高校大学生们自觉提升网络道德素养，在思想和行为上自律，助力网络社会的健康发展。网络道德，是指以善恶为标准，通过社会舆论、内心信念和传统习惯来评价人的网上行为，调节网络时空中人与人之间以及个人与社会之间的行为规范。网络新时代的来临和社会的进步，使得道德体系逐渐丰富起来，网络道德成为其中的新成员，它作为网络社会中人们的行为准则而存在。高校大学生网络道德素养要求高校大学生树立符合社会主义核心价值观的道德观念，不断规范自身的网络道德思想和行为，内部努力和外部影响相结合，提升高校大学生综合素质。

互联网的开放性和共享性使得信息的发表和获取变得十分容易，表现出"无屏障性"的特点，同时互联网信息平台给大学生提供了一个有匿名功能的虚拟空间，大学生可以隐藏自己的真实名字在平台中进行学习和信息的发表，他们可以不用在意他人的看法和评价，但事实上由于缺乏相关法律规范，大学生不认为自己的造谣行为要承担相应的法律责任，所以在微博、微信、公众号等平台中发表自己的观点和意见时，大学生受到其他思想的影响，也跟风地发布一些不实的消息，带来的严重后果是大学生无法预料的。

4. 理想信念层次不高

随着改革开放的不断深入，社会的利益格局出现了深刻变革，人们对于自身利益的追求更为迫切。这是特定历史条件下社会发展的必然结果。值得注意的是，普通高等院校大学生由于思辨能力和知识储备所限，受社会环境的驱使，更多地将自身利益缩限于个人的物质利益，将自身的发展游离于国家和民族利益之外，抛弃了对高尚理想信念的追求。部分大学生实现职业理想的目的是追求更好的自身利益和自身发展，这仅是低层次的自我理想，而并非为社会主义事业的建设贡献力量的伟大追求。

根据调查结果显示，大部分学生表示自己对普通高等院校思政课持积极主动的态度，但由于我国普通高等院校的教育体制以及国家选拔类考试大多倾向于应试教育，因而呈现出重智轻德的现象，学生所表现出来对思政教育积极的学习态度，绝大多数是应付考试或修学分，并非发自内心地接受思政教育知识，也并非真正信仰马克思主义等思政相关科学理论，由于教学模式和教学方法单一枯燥，与实际联系不紧密，造成了学生对思政教育相关科学理论"不实用"的心理暗示。

（二）从教师角度来说

1. 观念落后

传统的普通高等院校思政教育过程中，教育者通常采用封闭、被动型的思维，但随着互联网的迅猛发展，各类互联网信息平台各显神通。在这个全面开放共享的时代，部分普通高等院校思政教育工作者跟不上形势，始终无法接受在"互联网+"时代教育理念已经发生改变的事实，缺乏现代互联网思维，甚至在教学中仍旧采用过去传统的教育理念。

2. 信息筛选能力受自身限制

当前互联网信息平台中的信息资源鱼龙混杂，而普通高等院校思政教育工作者的筛选能力受自身知识水平的限制，互联网中信息平台中的"暴力信息""诈骗信息"以及"消极信息"等让许多教育工作者对互联网产生了消极情绪。

3. 不能充分利用互联网

比如有的老教师不能充分利用互联网获取教学信息，不会用互联网信息平台进行教学资源的编辑整合,也不能熟练运用互联网信息平台进行思政网上教育,同时不少思政教育工作者不了解新时代的网上语言,无法与大学生形成互动和共鸣。

(三)从教学角度来说

1. 教学模式落后

当前我国大部分普通高等院校都在积极地进行课堂改革,部分学校探究出了新的教学方法,取得了明显的效果,但有一部分普通高等院校仍旧没有改变传统的教学方法。思政教育是教师和学生一起参与并且积极发生互动的过程。因此,在思政教育过程中,教师和学生都应该加入课堂中并且积极地进行交流,部分教师在教学时仍然使用的是"满堂灌"的传统授课方法。这种传统的方法使得教学变成了单一的输出,学生没有积极地参与到课堂中,从而导致学生对课堂内容没有兴趣并且也缺乏投入学习的热情,所以传统的授课方法不能很好地体现学生的自觉能动性和自主性。

习近平意识形态工作论述是在不断总结我国历届领导集体关于意识形态重要论述的基础上,结合我国实际国情与时代背景的新时代思想产物,充分体现了极具时代特色的创新性和与时俱进的特征。这样的时代性特征于普通高等院校而言应体现在教育模式与时俱进上。普通高等院校应及时顺应时代要求,进化其教学模式。目前,"翻转课堂""微课"教学、"慕课"教学等都在其他学科上得到了积极的运用,同样在思政教育上也应该得到适当的运用。

2. 教学内容偏离实际

习近平总书记关于意识形态工作论述彰显时代化的特质。对于普通高等院校而言,时代化是思政教育的内在要求。普通高等院校面向学生讲授,包括马克思主义理论以及马克思主义中国化的内容,这些内容是马克思主义理论在中国时代化背景下的产物,彰显了强烈的时代特性。尽管当前大多数的普通高等院校能够及时传达重大会议精神并及时更新思政教材内容,但仍然有部分普通高等院校忽视这一工作,导致思政教育内容依然是陈旧的理论,没有体现出时代化的特点,学生缺乏对国家新政策及会议精神的正确认识。

在我国普通高等院校部分教师在授课过程中只是照搬课本内容,讲解理论,思政教育本来就是理论性比较强的课程,所以这样容易造成生硬和枯燥的感觉。学生在课堂中感觉无聊就会渐渐失去学习的热情,不能很好地加入思政教育课堂,对所学内容不进行积极的思考，自觉能动性就很难真正体现出来。

3.教学形式有待转变

教学内容的切实贯彻、教学任务的完成总需要一定形式的课堂或者其他教学方法来实现。近年来学校教育开始注重以学生为主体，课堂形式的重心开始向学生交流谈论为主偏移。为激发学生学习动机，学校开始用一些奖品、积分等激发出学生积极的状态，期望以此来激励学生去认真学习知识、提高能力。其中活动式教学法作为一个比较新的教学主要手段得到很多学校的推崇。但事实上对于活动式教学也是需要注意"度"的疑难问题。活动是激发学生兴趣，引发学生独立动手实践完成任务的好手段，可是如果在课堂中活动滥用往往会本末倒置，引起负面效果。比如在思政课程中，新教材中插入了法治方面大部分内容。对于这一教学内容，课堂开展活动往往采取一些新形式的情景剧与图片等。但这显然不适用于普及严肃理性的法治知识、引发法治意识和观念发展。因此对教学形式的转变中对于教学内容教学阶段的针对性疑难问题还需进一步完善。

我国思政教学的主体现今正处于一个变革的过程之中，尊师重道是我国教育传统形式，从我国古代延续至今的传统观念决定了教师地位与学生地位的不平等性特点。在新时代的教育和社会新的要求促使下，我国逐步由教师主体向学生主体转变。教师如何开展教学，如何认识学生、对待学生？这都要体现学生的主体性原则。在思政教学积极倡导以学生为主体的大背景下，各学校积极开发新的教学模式以改革取代旧的教师主导的教学模式。

（四）从教育机制角度来说

健全且良好的机制是普通高等院校思政教育工作达到最佳成效的有效保障，可见健全的机制对于普通高等院校思政工作的重要意义。

1.课程机制有待完善

绝大部分的大学生通过普通高等院校思政教育课堂接受思政知识，由此可见，普通高等院校思政理论课发挥了极大的教育影响。但根据调查结果显示，部分普通高等院校对于教材的更新和最新政策、最新会议精神传达不是很及时，这就造成了思政教育内容以及会议精神内容传达的延时。作为思政教育的"主渠道"，普通高等院校思政理论课必须及时将马克思主义中国化的最新理论成果加入教材、贯穿课堂并扎根于学生心中。

2. 考核机制有待健全

普通高等院校思政教师是对大学生进行思政教育的主力军，因此务必要完善对思政教师工作内容和教育成效的考核机制，才能敦促其更好地开展教学和提升自身水平。目前，普通高等院校对于思政教师的考核重点依然是科研项目以及论文发表数量等学术方面的内容，而真正作为思政教师核心工作内容的育人成效考核以及自身思想素质、知识理论水平的考核却没有明确的制度规定。另外，普通高等院校协同育人机制不完善。当前普通高等院校思政教育队伍的主要力量来自思政教师以及辅导员老师队伍，并未做到全员育人，协同育人机制流于形式而未能切实贯彻，普通高等院校教育教学与思政教育的衔接度和配合度不高。

3. 网络化机制有待推行

作为时代化背景下的新产物，网络以其便捷、迅速和高效的教育特点，成为思政教育的重要载体，不仅能够延长教学过程，同时增强了教学影响。但在运用和监管过程中缺乏相关机制。一方面，从调查结果来看，一半的大学生对于学校是否开设网络思政教育平台并不明确，可见普通高等院校思政教育对于网络的运用机制及管理机制并没有深入到学生心中，网络思政教育平台形同虚设，对其的运用和管理流于形式而非充分发挥其促进教育成效的作用，学生的认可度和接受度相对较弱；另一方面，习近平意识形态工作论述中的网络论述强调了网络对意识形态工作和建设的重要性，对于普通高等院校思政教育而言更应该关注到网络的正负影响，在利用好网络的同时，也要注重完善普通高等院校网络防御机制和舆情预警机制。目前普通高等院校对校园网络的监管也没有形成成套、合理且科学的监管机制，对于校园网络疏于管理。

三、传统文化融入高校思政课程的困难及原因

从现实情况可以得出，大学生思政教育对传统文化资源的利用普遍存在不足，无论是在系统的思政教育中还是在日常思政教育中，这一点都表现得较为突出。深入探析传统文化在思政教育中运用不足的深层次原因，才能从原因中找到对策，更好地将两者融合在一起。

（一）课程结构设置不合理

科学技术的迅速发展以及世界各国之间专业技术的激烈竞争使得高校重视培养技能型人才，过度重视学生的科学技术而忽视了学生的人文教育。再加上我国

的应试教育体制使得中小学教育以升学为目标，而大学教育则以就业成才为目标，对学生的道德教育有所欠缺，导致高校一些课程结构设置不够合理。

1. 课程比例不协调

总体来说，高校设置与中国传统文化相结合的课程较少，课程比例不协调，相关课程覆盖性不高。目前，大多数高校主要以培养技术型和应用型人才为培养目标，高度重视强调学生的专业技术知识和实践操作能力，而对他们的人文关怀和文化底蕴有所忽视。学校重理轻文的教学模式使得人文类知识相关内容较少，学生学习这些知识的机会和途径也相对较少。部分高校即使设置了相关课程，也仅仅是将其设为选修课和通识课，高校关于中国传统文化的相关课程不断缩减，因此高校传统文化课程并未完全覆盖到全体学生，难以使全部学生得以了解和学习。而对于选择了优秀传统文化课程的学生，其是否真正将学习到的相关内容融会贯通，在生活中是否能够自觉践行，将课本知识外化于行，这些也都难以具体量化，无法真正考量其是否真正深入人心。

2. 课程内容较单一

就教学课程的具体内容而言，传统文化知识在思政课程中显得比较单一，老师教授过程中也仅仅是简单带过，具有一定的片面性。同时，老师在授课过程中主要专注于传统文化本身，或者是其中的某些特点，并没有将其内容进行系统化和整体化的归纳，也没有将其与其他相关课程内容相融合，难以使学生整体消化、全面吸收，进而难以提起他们学习相关知识的热情。此外，思政课是当前学生提升自我素养的主渠道，但思政课的一些内容本身理论性较强，很多知识不易理解，很多人在掌握过程中难免觉得无聊没趣。授课老师仍然通过理论灌输的教学主要手段，对教材大纲照本宣科，课堂上互动交流、问题探讨类教学较少，单一的教学手段难以满足当代学生的求知欲，无法引起学生对相关论题的思考与探究，因而难以引起他们的学习兴趣和心理认可。

3. 教学手段陈旧

21世纪是信息化快速发展的时代，人们获取信息的手段和载体多样，人们能够快速接收来自世界各地的新闻讯息，并以最快的速度将其传播到世界各地。因此，对于高校大学生来说，单一的教学手段和教学手段难以真正满足他们对课本知识和课外知识的渴求，传统的教学模式仅仅是老师讲、学生听，难以使学生通过更直觉的主要手段来获得视觉和感官上的感受。在当今时代互联网技术日益普遍，但仍然有一些老师固守成规，教学手段缺乏创新，在授课过程中较少使用多媒体设备，仍然照本宣科，难以引起学生的注意力。大多数老师能够使用相关课程课件，但事实上在授课过程中使用效果较差，课件内容不新颖，仅仅是知识点的罗列与堆砌，难以将知识点内容与视频、音频等相结合，学生不能够直观地把握相关内容，难以实现理想的教育效果。

（二）传统文化与高校思政课程结合的载体较单一

中国传统文化要想合理运用于高校思政教育当中，就必须借助一定的载体和媒介，增强其在思政教育中的信息承载和传导，促进思政教育主客体两者之间的有效联系。然而，在思政教育实际的运用过程阶段，主体获取文化知识的途径相对窄化，载体形式单一，难以与思政教育实现联动创新，实现其实际效用。

高校校园活动是将传统文化与思政教育应用于学生现实生活中的一个重要活动形式。目前高校校园活动主要有社团活动、文艺表演、诗歌朗诵以及各种类型的比赛等。这些活动使得大学生在学习之余能够更加充实自己的生活，激发大学生创造力和思维想象力。但在高校各类活动中关于传统文化内容的活动数量和质量明显不足，举办书法比赛、诗歌朗诵、民歌歌曲等活动过于形式化，没有将它的优秀文化内涵完全展现出来，无法引起他们强烈的兴趣和欲望。同时，在一些重要节日、纪念日及民族传统节日来临之时，部分高校未能很好地利用这些节日来开展相关教育宣传活动，导致学生对一些节日和习俗只知皮毛，却不知其真正的由来。

此外，它在网络载体中的运用稍显不足。网络作为传播媒介的新型元素，也是高校开展思政工作的新载体。互联网在传播全球海量信息和提供便利的同时，一些低俗文化、色情文化在网上大肆宣传，利用各种手段吸引人们的眼球；非主流文化被部分大学生模仿，成为追随时尚潮流的标本，进而助长了学生的享乐主义、拜金主义以及攀比之风等。另外，对于中国传统文化的宣传和推广力度差强人意，网络载体运用欠佳，网络思想政治教育也难以达到理想的效果。

（三）传统文化内容在校园文化建设中的体现不足

目前，很多学校虽然已经意识到它对于校园文化建设的紧迫性和必要性，一些学校已经把相关教育纳入到相关文化建设当中，但在实际操作的过程中仍然有一些理论与实际相脱节的情况。具体来说包括以下几个方面。

1. 物质文化建设缺乏文化内涵

校园物质文化建设是一个学校精神风貌的外在形象，折射出学校全体高校大学生和高校教师的整体风貌和综合素质。然而一些高校的建筑设计缺乏整体的规划，没有形成特色的物质文化氛围。一些学校片面追求学校楼宇建筑的富丽堂皇、宣传标语的标新立异，却忽视了其所应折射的精神内涵。大多数高校用数字和字母命名教学楼、宿舍楼等建筑物，只有部分学校采用我国传统文化词语命名；很多展板、围墙写满了名言警句，但却没有将其深度结合我国传统文化的内容；学校电子显示屏仅仅是通知公告和新闻，却很少显示与传统文化相关的内容，校园缺乏浓厚的人文气息，难以达到其真正效果。另外，部分校园物质建设缺乏地方特色。中国南北建筑风格迥异，但事实上很多学校的建筑造型和楼宇布局却愈趋一致。中国六大传统建筑派系各具特色，造型精美，但事实上高校将之运用到校园建筑的却很少，鲜有高校将亭、台、楼、榭等建筑融入校园物质文化。这些建筑风格本是我国优秀传统文化的表现，但在高校并没有达到有效运用，难以使学生直接感受到传统文化的魅力，进而对其产生潜移默化的影响。

2. 精神文化建设缺失核心内容

长期以来，一些学校仅仅将校园文化建设等同于硬件设施外观上的简单建设，却无形中窄化了校园文化的隐形功能，并且弱化了传统文化在精神文化层面上的意义；一些学校仅仅将这些内容运用于校园物质层面的构造当中，却忽略了它在精神层面的引导作用。在多元文化时代，各国文化和多种社会思潮不断涌入，人们获取和接受信息的手段不断多元化，再加上良莠不齐的网络环境因素，一些人沉迷网络、上课迟到早退或者旷课，严重者最后荒废学业。部分学生学习态度差，学习气氛不浓厚，缺乏刻苦钻研的精神，缺乏古人"囊萤映雪""悬梁刺股"的学习精神。另外，对于教育者来说，大部分教师能够为人师表、按标准完成自己的教学任务。但仍有部分教师缺乏职业道德修养，与学生互动交流较少，授课过程中照本宣科、内容枯燥乏味，导致学生上课没有兴趣听讲，难以达到良好的教学效果和较高的教学质量，并没有真正做到对学生"因材施教"和"传道授业解惑"等。最后，一些学校盲目跟从，并未从实际重视对学生的人文关怀，学校整体校风也亟须提升。很多高校并没有将中国传统文化中的精髓思想运用到其精神文化建设当中，导致精神文化建设缺失了核心文化内容，学校整体氛围不容乐观。

3. 制度文化建设迷失文化方向

一个学校的制度建设是其他方面建设的重要保障，对于学校全体高校大学生和高校教师的健康发展具有积极的促进作用。科学严谨的制度体系能够有效确保高校各项工作井然有序地展开，促进高校、教师和学生三者之间共同发展。近年来，由于多元文化的融合，部分学校丧失了自己的制度特色，迷失了制度文化的前进方向。部分高校在制定规章制度时，并未结合自身的实际发展，制度体系不够科学系统，甚至出现与国家制度冲突的现象。还有一些学校运行机制不健全，导致规章制度管理不严和在执行过程中出现混乱的状况，制定的规章制度难以有效推进，其权威性也难以保证。另外，一些良莠不齐的社会文化也对高校制度的建构造成了一定的影响。如不良的领导作风、企业家的利益至上原则等消极文化，这些都对校园制度文化的建构产生了消极影响。

（四）师资力量较匮乏以及教师素养不足

高校思政教育是学生科学系统接受理论知识以及实现"三全"育人的主阵地，一个学校的师资力量同样影响着思政教育工作的成效。目前来看，学校整体的思政工作者素质较为薄弱，师资力量仍需不断增强。

一方面，就学校层面来看，师资队伍数量和结构上都不够合理。专兼职老师比例有所倾斜，专职老师缺口较大。对于大多数民办院校来说，专职和兼职相结合的师资队伍能够最大程度利用现有师资，最大限度提升办学效率。但长期下去却造成了兼职老师的人数远远多于专职老师，且出现专职老师队伍流动性大的现象，因此难以建设一支稳定且高水平的专职和兼职老师相协调的师资队伍。同时，高校老师的年龄层次、学历层次以及职称结构的比例关系也影响学校思想政治教育工作的展开。从年龄来看，高校普遍存在年龄两极分化现象，呈现两头较大、中间较小的情况；学历方面而言，高层次人才比较缺乏，亟须引进高层次的专家与学者；部分高校教师整体素质不高，教授、副教授以及讲师比例不协调，整体结构明显不合理。此外，部分学校的教师科研能力有限，并且科研创新水平有待提升。一些教师的教学课时量较大，备课、批改作业以及日常授课已经倍感疲劳，没有多余的时间和精力搞科研或者参加相关培训，导致教师科研水平较弱。

另一方面，就思政课教师自身而言，其自身的专业素质较为薄弱。首先，一些思政课教师自身的知识体系就较为匮乏。作为一名思政课教师，应具备基本的教育学、哲学、心理学等多学科知识体系，而大多数思政课教师都是马克思主义理论相关专业出身，研究领域也侧重于相关的理论研究，而对传统文化知识缺乏科学的认知与培训，没有形成扎实的理论功底。因此难以有效将这些内容准确运用到思政课程中。其次，授课教学模式陈旧。在传统教学模式中，思政课教师大多采用"理论灌输"手段进行授课，部分教师教学载体运用单一，一些教师仍然坚持采用板书的形式。大多数教师虽然会采用多媒体投影演示授课课件，但仍然以文字和图片为主，虽然比单纯的讲授课本知识有所进步，但仍然未能很好地利用网络载体，难以将晦涩难懂的内容借助音频、视频等形式表现出来。当代大学生的学习和生活逐渐网络化，这种手段的转变同样也对传统的教育模式提出了更高的挑战。因此，授课教师必须紧跟时代发展，转变授课模式，采用学生易于接受的教学手段开展授课计划。

最后，辅导员也是高校重要的师资力量之一。但事实上目前来看，全国的辅导员偏年轻化，同时部分辅导员的资历与精力不足。一些辅导员较年轻，缺乏工作经验，资历较低，优秀传统文化与思想政治理论知识储备量也相对较低。那么，在与学生的沟通交流当中无法将一些文化知识与思政的内容有效融合，难以进行高效率的教育。同时，辅导员工作繁忙，同时负责党建工作、就业指导以及心理健康教育，自身没有太多精力研究传统文化教育，自然也无法把这些知识体系与实践相结合，引导学生形成正确的价值观念。

（五）高校校园文化环境建设创新不足

学校，属于学习的场所，也是人才培养的场所。高校要想获得更好发展，便需对校园文化建设进行强化，为学生提供良好的校园文化环境。在具体建设过程中，需要结合自身特性以及精神文化内涵等方面综合考虑。校园文化，是校园内部教师与学生在教学发展中而建立起来的，涵盖了学校内部物质与非物质文化方面的内容，如学校内部各项规章制度、文化活动等，能够较好地展示出学校精神风貌。与此同时，也能够给学校内部学生产生潜移默化的影响。也就是说，为了进一步提升学生素养，就需完善校园文化环境建设。对传统文化与思想政治理论课相结合而言，为强化教学效果也离不开校园文化环境建设这个得力帮手。

第二节 传统文化融入高校思政教育的措施分析

五四运动的开展，对新文化建设产生了显著性影响，同时，由于其对传统文化所进行的一些非理性批判，也带来了诸多方面的问题，对传统文化精神造成了创伤，在较长时间内都不能得以弥合。现阶段，由于上述问题的存在，进而导致部分民众对传统文化存在相应质疑，也使得高校教育工作开展所涉及的传统文化方面的内容极少。为了能够更好地推进传统文化教育工作的进行，同时提升在此方面的教学成果，就需提升学校教师、学生对传统文化的认识，并且在学校内形成重视传统文化、热爱传统文化、学习传统文化的浓厚氛围。

一、从学生角度分析

（一）端正大学生的学习态度

当前，大学生受到社会大环境的影响，将学习的目的视作是在毕业后获得一份较为舒适又能赚钱的工作。因此，在学习过程中将重点集中在专业课方面，认为只有提升自身在专业课方面的学习能力，强化自身技术水平，才能够获得更好的工作机会。正是由于这一原因，大多数学生在专业课学习方面付出了诸多努力，将其视为学习的目标，忽视了对传统文化的学习，并将与传统文化相关联的课程视为无用课，在课堂中专注度不高，课后更不会对其进行钻研。当前的大学生在涉及对传统文化类课程的学习态度时，有大部分学生表示选修传统文化类课程纯粹只是为了拿到学分。对于专业技术课程学习而言，通过学习能够实现对自身技术能力的强化，进而给自身未来发展起到了有力的推进作用。同时，从学校层面而言，对于专业课教育也具有较高的重视度，为了提升学生就业率，鼓励学生考取与之相关的证书，同时在专业人才培养方面制定了较为详细的方案。与之相反，对于人文知识教育方面，所对应的关注度则比较低，对于部分高校而言，甚至于未能在此方面开设相应课程。正是由于上述问题的存在，进而给学生思想造成了影响，导致在传统文化课程中，学生课堂专注力较低，普遍认为此类课程的学习没有什么作用，而不愿意在此方面投入较多精力。

因此，为了能够更好地实现对学生观念的改变，端正大学生学习传统文化的态度，便需从下述方面进行，一方面，在学校内部开展相应的宣传教育，借助于这种方式来提升学生对传统文化功能的认识。学生加强对传统文化的学习，不但有助于强化自身思想道德意识建设，同时也能够给专业课学习提供较好的文化基础。另一方面，需要对目前高校学生在职业至上方面的认识进行纠正，这种认知存在较强的功利属性。高校可通过开展相应的实践活动，进而使得学生意识到仅仅掌握专业技术是不够的，一个优质性的人才不但需要拥有扎实的专业技术能力，同时也需具备较为完善的品格素养。在高校内部开展传统文化教育，其目的便是能够更好地实现对传统文化的传播和弘扬，培养学生思想道德意识，使其树立正确的价值观。只有使学生意识到传统文化教育所具有的重要性，传统文化教育才能获得学生认可。

（二）提升大学生学习主动性

通过对全球发展史进行回顾可知，在某一段时间内，中华文明在全球范围内处于领先位置。然而，在 18 世纪末期，由于清政府的衰败，进而使得中华文明走向衰败。在此后的发展过程中，伴随着中华人民共和国改革开放政策的提出，使得中华文明又逐步进入开放式的发展阶段。进入 21 世纪以后，伴随信息技术的发展，社会中出现了各种各样的思潮，给大学生发展产生了极为繁杂的影响，尤其是体现在价值观建设方面。

伴随西方文化在国内的影响，以及中国传统文化的断层，进而导致新时代背景下青年一代价值观的形成受到影响。在西方文化中，所提及的自由、平等、独立等方面的内容，逐步在国内被变相放大，对青少年思想行为意识方面产生了许多负面影响，导致极端主义、功利主义盛行，并引发了一系列道德方面的问题。现阶段，对于国内大学生而言，一定要提升对传统文化的认识，意识到传统文化的价值所在，同时对传统文化中所蕴含的精神、价值观等方面的积极元素进行继承与发扬。但对道德而言，并非只是知识，同时也是情感、行动。个人思想道德素养的培育与践行，同其自身所处内、外部环境之间具有显著性关联，为了能够更好地提升个人道德素养，便需借助个体内部动机系统来实现。这就表明，为了能够更好地实现对传统文化的弘扬，使其所蕴含的德育功能充分发挥，同时对学生道德素养建设与行为产生正向影响，在教学过程中便需结合学生兴趣来开展相应工作，提升学生学习积极性。从学校层面而言，在进行人才培养方案设计时便可引入传统文化方面的内容，提升对传统文化教育的重视度，并将其在教学中所对应的位置提升至与专业课教育相一致的水平，或者在此方面设置相应的证书。从用人单位的角度来看，为了给企业招聘到高素质人才，在入职考核方面便需引入传统文化方面的内容，以实现对学生的硬性要求。通过使用上述主要手段，来提升学生对传统文化的重视度，并对大学生进行相应引导，使其能够在传统文化学习方面养成较好的主动性，以此来促成行为规范的养成，培养学生的传统文化情怀。

（三）丰富大学生的学习内容

为更好地实现对中国传统文化的弘扬，就需使得社会各界在此方面产生共识，必须引起社会各阶层的高度重视。传统文化融入高校思想政治理论课，教材是必不可缺的载体，而现在我国很多高校的思想政治理论课教材还没有过多地将传统文化内容列入其中，学生能够通过教材学到的传统文化知识少之又少。所以在教材方面,可以在现有教材体系的基础上,有选择、有针对地涉及更多传统文化知识,丰富大学生传统文化学习的内容。如应以古今结合、中西结合的原则来开发教材,可以加入部分如四书五经等古代经典系列、教育史和中国通史等各专业通史系列、先秦诸子研究等专题性研究系列和文字、训诂等工具书系列。中国传统文化体系庞大繁杂,传统文化教育可以是技能教育,比如琴、棋、书、画,中医、武术等,但更重要的是运用传统文化对我国大学生进行人文教育和精神关怀。学生的传统文化学习内容可以增加人格教育,引导学生学习《论语》中的"君子人格",《周易》里的"厚德载物"思想。也可以增加心态教育,当代大学生从小生活在比较优越的环境中,缺乏磨炼,导致他们的耐受力比较差,对此,可以以中国传统哲学为例增加心态教育。道家告诉人们"退一步海阔天空",对于得失不要过于计较,主要原因在于,得与失实际上是辩证统一的,两者之间能够进行相互转化,需要从精神层面来提升自身境界。与此同时,还需增加一些启迪性教育,学习传统文化主要目的是培养学生思维习惯。在高校教育中引入传统文化方面的内容,便可实现对学生思维意识的充分强化,丰富大学生的精神世界,从而提升其综合素质。

二、从教师角度分析

在中国古代教育开展进程中,对于知识传递方面具有较高的重视度,同时也对教师行为具有较高要求,要求其做到言传身教。在此方面,比较典型的人物便是孔子。例如,"其身正,不令而行;其身不正,虽令不从。"[1]由此能够发现,对于教师与学生而言,两者之间实际上并非是对立性的。在教学过程中,教师需要以身作则,充分发挥自身所对应的示范和榜样作用,以此来实现对学生的影响。陶行知同样对此方面进行了强调,提出"身教重于言教"这一观点。在当前高校思想政治理论课中,教师需要对教学内容进行传递,同时组织学生开展对应的教学活动。教师自身对于传统文化的认识与素养情况,将会对传统文化的价值实现产生显著性影响。因此,在教育的过程中,为了能够更好地挖掘传统文化价值,就要求教师拥有较高的思想教化能力,同时,还需提升自身在传统文化方面的素养。

(一)提升思政课教师自身的思想道德素养

在《国家"十二五"时期文化改革发展规划纲要》中提到学校必须强化人才队伍建设,在学校内部培养出一大批结构层次分明、类型完善、素养较高的教师

---

[1] 引自《论语·子路》.

队伍。为了能够更好地实现传统文化与高校思政课的结合，发挥传统文化价值，除了要增加师资力量，提高教师自身的思想道德素质也不容忽视，这样才得以在新的时代条件下面临新挑战、开辟新道路、创造新辉煌。教师作为一份神圣的职业，担负着学生学业和品质的培养。高校思想政治理论课教师首先需要具备较为完善的人格与素养，同时拥有高尚的道德品质，与人相处过程中能够给人留下亲切印象。思想政治理论课的开展，其目的便是为了实现对学生思想道德素养的提升，为了达到这一教学目的，首先就需要教师满足这一要求，拥有高尚的道德素养。教师在教学中展现出的个人素养，将会对学生思想与行为产生显著性影响。只有其拥有较高素养与道德，才能给学生树立良好的榜样力量，引导学生提升其道德素养。由此可知，教师自身人格与道德素养情况，与学生品质提升之间具有较大关联，为更好地实现对学生素养的强化，首先就需提升教师的思想道德素养。

一方面，对于思政课教师而言，必须拥有良好的传统文化素养，对传统文化具有较高认识。为提升教师传统文化素养，可借助于下述主要手段进行，即阅读古书典籍、学习传统技术、参加与传统文化相关联的讲座、欣赏文物古迹等。与此同时，在教学过程中需要注重传统文化与思政教育间的充分融合，借助中国传统文化来更好地实现对学生的积极影响，给学生思想行为等方面树立起榜样力量。在教学工作中，教师行为语言均能够在一定程度上展示出其所对应的传统文化底蕴，学生在学习过程中也对其进行相应学习与模仿，最终实现对学生行为方面潜移默化的影响。

另一方面，教师还需做到严于律己，以身作则。思政教育工作者自身在生活方面的态度、思想行为意识和道德品质等均能够给学生造成相应影响。因此，在教学过程中，针对中国传统文化方面所进行的教学，需要注意自身行为举止等方面必须要与传统文化所对应的精神内涵之间具有较高的匹配性，同时以道德准则来对自身行为进行约束。在教学工作中，需要时时刻刻均能做到以身作则，提升自身道德素养，按照在道德品质方面的高标准来严格要求自己。同时，还需充分完善自身人格，强化自身道德素养，在高校学生中树立一个积极学习中国传统文化的榜样。

（二）通过人才引进改善思政课的师资水平

在大学生受教育过程中，教师主要起到的是对学生的引导作用，帮助其树立正确的人生观、价值观，并努力促进其人格的完善，强化其思想道德素养。在现代教学工作开展过程中，教师自身道德素养的高低，将对整个教学工作开展的质量产生显著影响。因此，便对教师师德、师风建设有了更高要求。高校所开展的思想道德方面的教育，主要是由学校内部教师进行，然而，对绝大多数教师而言，对马克思主义理论方面的内容更为擅长，而在传统文化方面的知识则比较薄弱。

在高校思政课中，引入传统文化进行教学，充分发挥传统文化的魅力与价值，首先就需要教师在传统文化方面具有较高素养。然而，对于这一要求而言，并非短时间内就能实现的，其属于一个长期学习与积累的过程。因此，高校便需引入传统文化素养较高的人才，由其开展思政教育工作，借助这种主要手段来实现对学校内部教师团队建设的完善，确保传统文化价值的顺利实现。首先，引进社会各界或其他高校中有名望的传统文化工作者，对其进行聘用，使其在高校内部开展思政教学工作，同时对其在传统文化内涵等方面的挖掘工作给予相应鼓励，在学校内部设置一些同传统文化之间具有较大关联的选修、必修课程，也可以开展一些传统文化方面的讲座。其次，对社会中传统文化继承人进行聘请，邀请其来学校给学生传输一些传统文化的知识，又或者是邀请其在文化艺术展馆中针对传统文化技艺进行展示，同时在此过程中引入优秀传统文化教育方面的知识，以实现对教师、学生思想意识、道德素养的影响。最后，可由展览馆的志愿者和讲解员兼任高校传统文化教育者，通过自己熟悉的工作岗位性质，带领学生参观各种传统文化展馆，并鼓励其在讲解过程中，将传统文化与学生素养提升进行关联，针对与传统文化相关联的展品进行深入性讲解，使得学生与教师能够更好地掌握到其所蕴含的道德教化意义，并对自身道德素养产生正向影响。

三、从高校课程体系角度分析

（一）鼓励传统文化写进思政课教材

中国在迈入现代化的进程中，受到西方文明的影响，以儒家为核心的传统文化曾一度遭到批判与否定，造成传统文化地位降低，所对应的发展也受到了阻碍。为了能够更好地实现中国传统文化与思政课的融合，教材是必不可少的一个重要载体，学校要重视并大力鼓励对传统文化内容的开发，完善现有思政课教材的编制。

高校传统文化课程的设置是一个系统性工程，在此过程中，不但需要在人员分配方面做出相应努力，同时还需处理好传统文化课程同目前所开展的课程间的关系。针对上述问题进行处理，能够给教学工作开展起到有力的推进效果。反之，倘若未能实现对上述问题的有效处理，则会导致学生和教师的压力增加，也无法实现对传统文化与思想政治理论课的有效结合。同时，在教材选择方面，需要防止出现重复性内容，教学过程中所使用的教材一定要具有经典易懂性，同大学生所对应的认知水平之间具有较高的匹配性。在课程设置方面，将必修课与选修课相结合，教材自然也要随之一体，选取的教材既要有教师可讲之处，还要有学生自学的知识点。

因此，在进行教材设计时，便需对上述两方面进行充分探究，确定两者间的相似性，同时借助于中国传统文化中的精髓来实现对马克思主义的极大丰富，采用这种主要手段不但能够实现对传统文化的创新，同时又在一定程度上推进了马克思主义的发展。例如，在提升学生自信心方面，为了能够更好地实现对大学生理论、制度、文化、道路自信的强化，提升大学生爱国主义情怀，增强民族自豪感与自信心，便需引入"天下兴亡、匹夫有责"等方面的内容；在素质文明建设方面，则可建立在尊重自然这一理念的基础上进行教学，使得学生充分感受到传统文化的魅力所在；在社会主义核心价值观中，可借助于"仁、义、礼、智、信"来进行教育，同时引入一些比较典型的故事，如"三尺巷"等，以实现对学生的充分引导，提升学生在人际关系等方面的处理能力。

（二）融入思想政治理论课课堂教学

高校思想政治理论课是传授知识、传承文化、训练思维以及提升素质的主要途径。对于课堂理论教学而言，不但能够实现对知识的传递，同时也能实现意义生成，并且能够培养学生养成良好的思想道德素养。由此可知，为实现对传统文化与思政教育的融合，思政理论课教学是关键。早在2 000多年之前，国内便出现了百家争鸣的景象，诞生了一大批优秀的思想家，如老子、孟子、庄子、孔子等。这些思想家针对天文、地理、人际关系等方面均进行了较为深入的研究，并在上述方面提出了一系列较为丰富的理念，比较典型的当属于礼义廉耻、与人为善、自强不息等，并且在历史发展进程中得以流传，截至目前依然能够对民众生活产生显著影响。在中国传统文化融入高校思想政治理论课研究进程中，传统文化已经充分渗透到了民族意识中，并形成了极为强大的文化基因。对于大学生思想道德方面的教育，主要是借助于思想政治理论课来实现。对于此教育而言，拥有两个方面的属性，即政治性与文化性。在教学工作开展中，需要能够同时满足这两个方面的特性。对于中国传统文化的传播，可借助于思政课进行开展，同时也是提升思政教育效果的关键。在人类发展的历史过程中，所对应的历史实际上是由人们自己所创造出来的，然而，这一过程并非是任意的，也不是有选择性的。与之相反，是直接的、既定的，也是建立在此前发展经验的基础上而创造出来的。

中国传统文化与高校思想政治理论课相融合，在教学工作中引入传统文化，针对课程中所涉及的一些传统文化精神方面的内容进行解读，能够更好地帮助学生实现对历史文化、思想道德和情感价值等方面的认识与了解。在传统文化中蕴含了极为深厚的民族精神，这也是中华民族之所以能够获得长久发展的关键所在。中国传统文化，是中华民族所独有的优势所在，也是民族精神的核心。中国特色社会主义制度的发展，便需建立在中国传统文化的基础上进行。

在思想政治教育中引入传统文化，实际上指的是将传统文化所蕴含的精神引入思政课教学中，使其同教学内容进行充分融合。思想政治理论课课堂教学工作的开展，所对应的必修教材主要有四门，并且是由国家统一进行编写。然而，在近年来的发展过程中，伴随教学要求多样化，进而使得教材体系也发生了相应改变。具体而言，就是需要在教学内容的基础上，对其进行深入性的挖掘、拓展。在此过程中，将其同传统文化所对应的精髓相结合，使其能够更好地融入思政教育中去。例如，在《马克思主义基本原理》这门课程的讲授中，教师可以将中国"大同"时期所对应的社会理想与共产主义理想进行结合。在概论课程的讲授中，将优秀传统文化与"概论"课教学内容相融合，具体就是分析新民主主义过程中的长征精神、延安精神，艰苦奋斗精神等所具有中国传统文化的渊源。在《思想道德修养与法律基础》中，为了能够更好地实现对学生"三观"建设的引导，便可引入"三人行，必有我师焉"等古典名句；对于人际交往方面所开展的教学工作，可将其同儒家文化中的"礼"相结合进行教育；对于学生"爱国主义"精神的培养，可引入文天祥、岳飞等人比较经典的爱国事迹来对学生进行引导。借助理性与养成教育，使大学生更好地实现对传统文化理念的认识，同时树立正确的人生观与价值观，同时结合传统文化中所蕴含的精神来对人生目标与态度给予相应调整，提升自身道德水平与精神素养。

（三）利用现代化媒体推广网络课程

对于全国各大高校而言，在网络教育方面需要建立开放性的理念，借助于互联网在便捷性方面的优势，同时结合思政教育的内容与开展的实际情况，进而针对中国传统文化设计出极具优势的网站。借助这一手段，将传统文化中所对应的精髓与核心、非物质文化遗产等方面的元素进行转化，使其变为数字类产品并在课堂中对学生进行教学，积极开展网络教学等方面的活动，以实现对网络阵地的充分占领，构建出科学而又完善的传统文化网络教育体系。在网络平台设计中，可借助于自身在多媒体方面的优势，增加在网络课程设计方面的资金投入，创新教学机制，以更好地实现对传统文化课程的设计，并将其所蕴含极为优秀的精神文化传递给学生。通过开展此方面的网络课程教育，能够更好地将教材与多媒体资源相结合，提升学生对传统文化的了解。如目前在全国各大高校中应用较广的"超星"平台，超星公司拥有全国最大的图书数字化加工中心，开发了面向智能手机的超星学习通、超星公开课和超星移动图书馆等多个网络学习软件，不仅受众数量多，而且反响也很好。

除了推广传统文化课程外，还可利用校园网络开设传统文化教育专栏，一方面，能够针对校园内部传统文化所对应的教学情况给予相应介绍，同时实现对课程内容、进度等方面的跟踪，提升学生对此方面的了解；另一方面，可在此方面构建相应的交流平台，方便学生和教师线上、线下学习完传统文化课程后在网上进行学习和交流；最后，还可以将全国成功开展传统文化教育的高校个例介绍插入传统文化教育专栏中，介绍成功典型个例的传统文化教育方法、教育原则和教育效果，以便本校可以取经学习，并结合自己本校的特色与实际情况进行深入展开和创新。

（四）设置全面合理的课程评价机制

课程评价机制是展现学生学习成果的重要途径，同时又能够较好地体现学习与教学效果，给教学工作开展提供了相应指导。为了能够更好地实现对评价机制的完善，我国教育在传统文化教育方面，需要设置相应的评价标准，在进行评价指标设计时，同样需要结合传统文化教育方面的工作进行开展。同时也提出，在课程实施方面，需要针对传统文化教育进行监督，定期举行一定的督导工作。在上述规定中，实际上就已经针对此方面的教育工作给予了整体性规划。然而，针对不同年级学生学习情况进行评价时，所需使用的评价标准需要完善。从教学目标层面来看，进入大学教育以后，针对学生在传统文化方面所开展的教育工作，其目的主要是提升学生学习的自主性，使其在工作学习中养成良好的探究意识，提升其创新意识，强化其在社会中的责任感，将继承和弘扬传统文化视为自身责任所在，并在此方面做出相应努力。

与其他类型的理论课相比较而言，思想政治课程具有极为独特的属性，能够对学生思维意识方面产生显著性影响。与此同时，所涵盖的范围也比较广。基于此，在进行评价方案设计时，就需制定出匹配程度较高的评价标准。[1]对于此方面的工作，可借鉴教育部所设计的评估方案来进行开展，通过对学校实际情况进行分析，进而制定出相应的评价体系，为评价工作开展奠定相应基础。具体而言，

---

[1] 刘琳琳.高校思想政治教育中中华优秀传统文化的价值与其实现路径[J].智库时代，2019（47）：59

就是建立在此前所使用的评价体系的基础上,向其中添加一些同传统文化教学相关联的内容,使其在课程评估方面占据相应比例。[1] 在构建教学评价机制时,应当注意课程评价机制的整体性和实效性,可以涵盖必修和选修课程,同时结合思政理论课具体开展情况以及传统文化教育是否具有针对性及教学情况等各个方面。在课程教育方面构建科学而完善的评价机制,能够给教学工作开展奠定良好基础。与之相反,倘若所构建出来的教学评价机制存在缺陷,便会给教学工作开展产生不利影响。为了提升教学评价机制所对应的创新性,便需借助于传统文化所具有的魅力与价值,开展一些针对性的评价工作,使其能够更好地同思政教育相匹配,同时给传统文化发展起到有力的推进作用。

1. 课程评价标准

对于此方面工作的开展,首先便需对指标类型进行划分,将其分为效能与素质两个方面。目前所使用的评价制度,主要是从效能方面来进行评价,而未能考虑到素质方面的指标。由此,便需对其进行完善,向其中引入一些素质指标,并对其所占比重进行适当提升。[2] 具体而言,就是在对课程融合效果进行考核时,不应该只是单纯地以学生的卷面成绩为指标,同时也能够添加一些学生在认知、行为等方面的内容来对其进行评价。现阶段,对于学生传统文化知识掌握能力的评估,主要是借助于期末考试的主要手段来进行,通过对学生所获成绩进行分析,能够实现对其知识水平情况的基本判断。然而,使用这种评价手段,一般难以较大程度地提升学生学习兴趣,也不利于提升学生的创新能力,有时甚至还会引起学生对课程内容的排斥,认为其枯燥无味。因此,高校在创新课程评价机制的过程中,需要借助多元化的手段来进行评价。

例如,可结合学生课堂表现、学习态度、课后作业完成情况等方面的内容来进行分析,针对学生资料收集能力、传统文化应用能力、辩证思考能力、问题处理的能力进行探究,确定其在上述方面是否实现了对传统文化的有效应用等。只要学生在学习过程中态度端正,参与主动性强,能够较好地满足传统文化精神,就需对其学习行为进行认可。

---

[1] 赵淑梅.振兴大学国学教育的现实路径[J].现代教育科学,2008(04):40.

[2] 陈婷.论中华优秀传统文化与大学生思想政治教育的融合[D].太原:中北大学硕士学位论文,2016.

2. 课程评价主体

评价机制的设置需要在教学的实践上进行。制定评价机制，不仅从教育对象的角度了解到学生的受教育情况，也要从教育者角度探寻传统文化教育的具体教学情况以及教学成果反馈，创新教育评价机制。

在制定评价机制时，既要深入到课堂一线，听取广大教师和学生的意见，也要结合中国传统文化所宣扬的内容是否对该高校的大学生能产生有益反响。在评价主体选择方面，不仅需要涵盖教师、学校内部管理人员，同时也可以引入家长、毕业生、在校学生来对其进行评价。在评价过程中，要求各个评价主体及时进行反馈。与此同时，需对学生自评、互评工作开展给予相应鼓励，通过这种手段来提升其自我反思与批判能力。总之，设置全面合理的教育评价机制对中国传统文化与高校思想政治理论课的融合具有重要意义，但事实上设置教育评价机制是一个长期的、系统性的工程，所以要坚持实事求是的作风，结合高校实际情况，联合多方力量协调进行。

四、从校园文化建设角度分析

除了思想政治理论课的课堂学习这一主渠道之外，校园文化建设同样关键。其是社会主义先进文化的重要构成，和校园建设相伴相生，是在校园中产生的所有文化形式的总和。详细而言，便是基于大学生独特的生理和心理特点、思想观念、价值观念等，以校园式的人际相处模式、行为主要手段和大学生独立创建的社团和协会等文化活动形式为表征的精神环境、文化氛围。在进行校园文化建设过程中，传统文化发挥了极其关键的作用，是不可或缺的组成部分，为学校人文氛围的培养给予了内容以及精神上的支撑，学校浓厚的文化氛围具有较强的育人功能，学校思想政治教育应高度结合校园文化建设，树立良好的学校校园形象，对学生进行间接地思想引导与熏陶，不断促进优秀传统文化深入人心。

（一）丰富传统文化为主的校园活动

对于大学生而言，世界观、价值观等各方面观念还在培养过程中，而校园作为其学习和生活的场所，无疑对其灵魂的塑造起着关键作用。因此，必须把传统文化的精髓全面而深入地融入到校园文化建设之中，方可最大化地显现校园的培养职能。高校思想政治教育的开展不能仅仅依靠课堂教授，还应通过课外实践进行巩固，而校园文化活动便是有效的途径之一。譬如通过组织讲座、辩论等。以河西学院为例，其在建设校园文化时，一方面重视学生优良品德的培养，另一方面也将传统文化的普及作为重要目标。例如，学校每年组织一次及以上的高水准艺术展示活动，自2017年至今，《大梦敦煌》等代表性的演出开始走进校园，并广受高校大学生和高校教师称赞。因此，民族舞蹈团同样是学校重点邀请对象，举办了多场与之相关的文艺演出，丰富了学生的见识，开阔了学生的艺术眼界，增强了学生的传统文化认识。衢州职业技术学院为推广和普及传统文化，丰富国际交流，在每年冬至日固定组织形式多样、内容丰富的思政教育活动。在2016年，便组织了以"情满冬至，礼贯衢职"为主题的活动，学生成为活动的主要参与者，并通过活动加深了对传统文化的认识。在不知不觉中，也拉近了思政教育同传统文化的距离，加强了二者的内在关联。校园活动无论是在形式上，还是在内容上，均极具多样化，代表性的有文明礼仪类、辩论类、文娱类、公益服务类等，对于大学生而言，除了课内学习外，还会加入各种校园活动中，释放个人活力，发挥个人才能，由于活动以及内容的多样性，大学生的可选择性极广，能够根据个人兴趣喜好选择性加入，进而更为有效地激发个人兴趣。在高校教育资源中，传统文化的地位极其关键且不可替代，但必须体现在日常的校园活动中，方可增加传统文化和大学生的接触机会，进而实现传统文化的普及和推广，并发挥其积极的价值引导作用。基于优化与传统文化主题相关的校园活动的目的，对于高校而言，应积极组织大量的、高频率的讲座、辩论等形式的活动，如组织传统文化和思想熏陶等辩论会。高校还可以组织传统经典诵读活动、诗词歌赋大赛活动、传统人文知识竞答活动、书法字画展示活动、汉字听写活动、当地博物馆、历史名人故居、文化遗迹参观活动、弘扬民族精神征文活动等，可以免费给学生发放传统文化学习资料，传播中国传统文化，传承圣贤智慧。

（二）发挥高校学生社团的带头作用

在高校中，社团文化以其独特的主要手段，为思政教育工作的开展给予了有益支持，德育价值极高，通过社团活动的开展，学生可对所学到的思政理论进行有效实践，这将显著提高和改善思政理论课的实效性，而且也能帮助高校思想政治教育完美地发挥其功能，促进学生全方位进步。所以，对于社团文化而言，其思政教育功能性极为关键。把思政工作和社团活动紧密相融，通过开展社团活动，为思政理论知识的实践给予支持，以被动的主要手段影响学生，促进学生全方位能力的提高，并有助形成正确的三观，维护学生身心健康。

最近几年时间内，高校社团的规模不断拓展，组织的社团活动在形式上也更加丰富和多元化，与大学生的日常联系紧密，并因此广受欢迎，所发挥的作用也愈发关键。对于社团而言，其属于学生自发形成的组织，旨在丰富校园文化、增强自身素质，属于学生开展自我管理、自我提高的第二课堂。社团文化也是大学校园文化环境的一个重要组成部分，是课堂教育之外重要的无形教育资源，各成员以共同的兴趣为基础集中在一起，并共同组织形式丰富的、有针对性的学习活动，从而在相互交流的过程中获取更多的知识，丰富个人知识体系。所以，对于社团而言，其对于学生成长和进步意义重大，也是对大学生进行思想政治教育的重要载体。当前高校中有许多的吉他、爵士舞等社团，但学生对于传播传统文化的社团关注度不高。因此，高校需要充分发挥学生社团的带头作用，包括传统文化类的社团以及在其他社团中开展传统文化的相关活动，加强大学生的传统文化教育，让优秀传统文化深入人心。

首先，对于高校而言，需要将精力集中于对学生的引导，帮助后者建立多种形式的传统文化相关的社团，普及传统文化；并为这些学生社团指派指导老师，带领学生们诵读儒家经典、推荐学习书目、讨论各地的民俗风情，引导学生钻研学习传统文化，结合思想政治理论课的课堂学习和实践学习以及社团影响，借助传统文化化解所遇到的困难。其次，高校应依靠社团资源，发挥社团的带头作用，开展部分同传统文化关联密切的主题活动。例如，可组织传统文艺节，将社团成员集中在一起，共同鉴赏历史影视剧，并在结束后交流心得；组织传统民间艺术展览会，展示传统艺术中的经典工艺形式，如刺绣、陶艺、织造等。组织传统文学心得交流会以及辩论会等，所选定的作品必须是古典名著，且应定期举行，社员彼此间分享个人对于诸如《中庸》等名著的认识和感悟。还可以组织"古建筑文化""农耕文化"等多元化的交流会。最后，高校可以鼓励社团组织社员参与实践活动。高校可以提供一定的资金支持，鼓励社团负责人和指导老师组队率领成员参观红色革命根据地、历史博物馆、孔庙等，体味历史沧桑，感悟传统文化精髓，使其在活动中接受潜移默化的教育。

（三）重视高校校园的文化环境建设

校园文化是除大学生思想政治理论课课堂之外，能够开展思政教育的关键途径，其表现形式十分丰富，涵盖物质、精神以及制度文化等多个方面。对于校园文化而言，其可发挥两大作用，一是教育导向作用，二是潜移默化作用。开展思政教育时，高校应基于传统文化的特色以及内容，尽可能多地把传统文化体现在校园文化建设中，以促进大学生了解并传承传统文化。对于校园文化而言，其涉及两大方面，首先是硬件环境，如校内场馆、场地等；其次是软环境，如校训、学风等。倘若校内传统文化元素处处可见，学生自然会或被动或主动地去了解和认识传统文化，并在这一环境中受其影响。因此，高校应重视校园文化建设，并为中国传统文化与大学生思想政治理论课相融合奠定良好的文化基础。

对于传统文化的精粹，高校应将其针对性地体现在校内建筑风格中。譬如教学楼、宿舍楼、体育馆等，加入传统文化元素或者建造为中式建筑风格的样式，使学生从中体会到传统文化的内涵。此外，塑造历史人物雕像同样是有效的途径之一，可将雕塑竖立在学生经常出没的公共场所，使学生无时无刻不身处传统文化的熏陶之中。比如笔者亲身考察过的湖北文理学院，关于中国传统文化的传承教育工作得到了很多教育者的认可和高度赞扬，尤其是在校园文化环境建设方面。湖北文理学院秉持着"淡泊明志、宁静致远、躬耕苦读、鞠躬尽瘁"的隆中精神，致力要做中国传统文化的忠实继承者和弘扬者。在校园环境建设方面，湖北文理学院将校园道路取名为"隆中路""大学路"和"明志路"等，将学生食堂命名为"凤雏餐厅""致远餐厅"和"三顾苑餐厅"等，还有取名为"孔明学院"的创新创业学院等，校园的各方面建设都融合了鲜明的传统文化元素。还有我们所熟知的清华大学，其借鉴《大学》中的有关名词，为道路进行命名，如"明德路""至善路"等，其出处便是"大学之道，在明明德，在亲民，在止于至善。"全国类似这样将传统文化元素融入校园文化环境建设的高校还有很多，营造了良好的文化氛围，构成中国传统文化的学习环境。

高校可以制定符合学校办学特色的校风校训，逐渐将优秀传统文化融入校园精神文化建设中，将此渗透到每位高校大学生和高校教师的心中，营造良好的校园精神文化氛围。此外，高校还可以在教学楼或宿舍楼楼道墙上、板报、宣传栏、草坪、路牌、标识语中融入传统文化元素，如名人事迹等，在教室内悬挂历史典故等，把传统文化元素体现在校园目之所及的地方，对学生形成潜移默化的影响，进而对见到的内容更加熟悉和了解。对于传统文化而言，其与高校校园的全方位融合，能够拉近其与高校大学生和高校教师之间的距离，进而促进其在思政教育中的渗透。所以，从高校角度来看，必须将更多的精力放在校园美化方面，以强化学生与传统文化之间的联系。它一方面，会帮助学生培养正确的价值观念，另一方面，也为大学生的成才发展奠定坚实的文化基础。

五、从教学模式角度分析

当前传统文化在高校的发展形势以及大学生的培养目标都要求思想政治理论

课教师必须与时俱进地推进中国传统文化教育教学内容、教学方法和教学手段的改革创新。在高校思想政治理论课中，为提升学生兴趣，强化学习效果，针对目前学生关注度较高的问题进行讲解时，便可引入传统文化方面的内容，在陶冶学生情操的同时，又能够提升学生在道德品质、善恶美丑方面所对应的判断力。思想政治理论课教师应当运用深入浅出、循循善诱的教学方法，为学生提供更为愉悦而和谐的教学氛围，同时又能强化其对传统文化的认识，对传统文化的继承和弘扬起到了相应的推进作用。

（一）丰富实践教学

对于思政理论课教学而言，其不但具有较强的理论性，同时也具有较高的实践性。大学生在学习过程中，不但需要对教材中所提及的知识进行学习，同时也需要进行实践方面的学习。对于自身在课堂中所获得的思想文化道德方面的理念，需要借助于实践的主要手段来对其进行强化，以更好地提升自身道德素养，规范自身行为。基于此，便可将实践教学视为是对理论教学的完善与补充。冯契的"化理论为德性""化理论为方法"，就是要求将理论与实践相结合。由此可知，在教学工作中，实践教学工作的进行同样有极为重要的作用。对大学生而言，他们是社会发展的主力军，同时也是民族的希望。在学习阶段结束后，这些学生便会进入社会从事相关工作，给社会发展做出相应贡献。基于此，在进行人才培养时，不但需要进行理论方面的教学，同时也需提升学生实践能力。毛泽东指出，个人思想意识的培养，均是建立在社会实践的基础上的，并非出生就有的，也不是平白无故就能产生的。因而，在教学过程中便需强化对理论与实践的结合，借助理论教学的主要手段来为学生传输一些传统文化方面的知识，同时还需采用实践的主要手段来提升学生对这些知识的认识与了解。对大学生思想道德层面的教育与完善，必须借助实践来实现，可将实践活动视为人才培养的第三课堂，对增强大学生的社会责任感、创新精神和实践能力，以及提高大学生的思想道德素质都具有重要的意义。借助实践活动的开展，实现对学生意识、素养、道德品质等方面的充分强化。

为了能够更好地推进传统文化与思政教育的结合，同时需要借助于实践教学来实现。对优秀传统文化的教育，尤其是将学生的传统文化实践活动纳入思想政治理论课，实现中国传统文化与高校思想政治理论课的切实融合。大学生实践活动环节有很多，如大学生暑期社会实践、课外实践等方面，无论是哪一个实践活动，都是大学生将自己所学知识运用于个人亲身体验的过程，这也是除课堂教学外最生动、最有说服力和感召力的教学活动,也是我们思想政治理论课教学手段的创新。学生的实践活动可以在学校、家庭的组织下进行开展,参观文化馆、科技馆、民俗馆等,又或者游览那些极具传统文化特性的景点来领略传统文化的魅力。在实践活动结束后,可要求学生对此过程体验进行描述。采用这种主要手段,能够更好地实现对"看与写"的结合,提升教学工作开展的生动性与形象化,强化学生对传统文化的认识,使得传统文化中那些较为优秀的元素能够更好地实现对学生的影响,进而内化为自己的思想品德及行为。将学生的亲身实践纳入思想政治理论课中,让学生与大家一起分享自己的实践所感,既能吸引学生的兴趣,提升教学效果,同时也是对思政教育教学手段的创新。

(二)结合传统节日

中华民族历史悠远,文明的延续迄今已经经历了 5 000 余年,在该进程中,涌现出了无数带有中华民族特色的文化精粹,包含大量的节日以及习俗等。自宋朝开始,传统节日无论是在内容上,还是在形式上,都得到了长远的发展。从已有的节日中能够发现,其基本与节气相关,典型的节日包括春节、中秋节等,且每逢传统节日,人们都通过形形色色的活动或习俗来庆祝节日。说到习俗,不免让人想到中华民族作为拥有 56 个民族的大家庭,除所拥有的共同节日外,不同的民族在其内部同样产生了具备民族特色的风俗习惯,并体现在其衣食住行的方方面面。在我国,对传统节日民俗而言,其无疑具有丰富的文化内涵和道德意蕴。可部分大学生受到西方文化的影响颇深,在庆祝西方节日上花费的时间和心思远远比中华传统节日要多得多,能真正理解中华传统节日文化内涵和道德意义的学生更是少之又少。为了将中国传统文化融入高校思想政治理论课中,这种传统节日庆典不失为一种重要的载体,也可给教学过程中增添几分活力和乐趣,吸引学生的兴趣,唤起学生对传统节日的关注和重视。将传统节日庆典融入思想政治理论课教学中,也是进行道德教育的重要途径。关于传统节庆的意义,详细而言,如春节和中秋节,这两个节日都以家人团聚为目的而创建,无论是身处何处,都尽可能地赶回家中,这对于家庭和谐是十分有帮助的。清明节,则是以祭祖为主要内容;重阳节,则以尊老敬老为主题,抒发人们对长辈的关爱以及对亲人的思念之情;庆生、回娘家等,则可拉近邻里街坊或者亲戚朋友间的距离,并加深互相之间的了解,使人际间的关系更加亲密。包括壮族在内的多个少数民族,目前仍延续着"一家有难,多家相助"的优良传统,通过以上民族习俗的传承和发扬,可使得人们更加团结,人际关系更为紧密,邻里之间更加和谐。此外,也有部分地方的民俗活动也是广为人知，颇受大家的欢迎。如赛龙舟、扭秧歌等，不仅能够为人们带来身心上的欢愉，还可在一定程度上提升人们爱国爱家的家国情怀。

对于传统节日习俗而言，其所发挥的约束力以及影响力都是惊人的，通过习惯的养成，对人们的行为进行支配，无论是外在的吃穿住行，还是内在的心理活动，不管是行为，还是语言，大家均自发地按照民俗的要求行事。大学生群体的主要生活环境是学校，其实更是在一个小型化的社会中活动，这无疑将受到节日民俗的限制，但也正因为如此，其方可养成正确、健康的行为习惯。培根表示，对人生而言，习惯是最主要的支配力量。因此，高校思想政治理论课中的传统文化教育应充分利用传统节日庆典这一重要载体，在课堂的感染下促进学生对传统文化的认同，也可创新思想政治理论课教学主要手段。教育者应将传统节庆的相关知识有意识地纳入高校思想政治理论课教学之中，引导受教育者主动接触和了解节日民俗。在每次过节期间，对教育者而言，可围绕所经历节日的习俗、形成过程以及发展历史加以阐释，特别是节日中内在的与道德教化相关的知识，应进行重点讲解；也可通过播放传统节日庆祝习俗短片，将传统文化的涵义生动地展现给学生，吸引学生的兴趣。如端午节，定于每年的阴历五月初五，与其起源相关的传说很多，但受众最广、认可程度最高的，无疑是缅怀屈原而设立。所以，教育者在叙述端午节的内涵时，应基于节日缅怀对象，对屈原忧国忧民的情感展开重点说明，以确保受教育者在过节的同时，了解到节日民俗背后的故事，并从中学习和体悟到爱国主义的精髓。

（三）融入非遗文化

非物质文化遗产最为重要的特征便是同民族生活息息相关，属于民族习性的高度概括和集中体现。其必须基于人方可得以延续，借助于声音、表演和技艺等进行表现，且依靠言传身教的主要手段进行教授，属于"活"的文化，并且是极易中断的传统文化。联合国教科文组织表示，对于非物质文化遗产而言，其对于文化的传承、创造力的拓展、多元文化的保护是极其关键的，并能够对多元的文化进行协调。甘肃省的省级非物质文化遗产就有很多，如甘肃省武威市、张掖市、酒泉市申报的河西宝卷、临夏州东乡县申报的东乡族口头文学与语言等7项民间文学遗产；如敦煌研究院申报的敦煌艺术——音乐技艺研承、庆阳市西峰区和环县申报的唢呐艺术、甘南州申报的甘南藏族民歌等8项民间音乐遗产；如兰州市申的兰州太平鼓舞、定西市岷县申报的巴当舞等13项民间舞蹈；如皮影戏、秦腔、高山戏等8项传统戏剧遗产；如敦煌艺术——美术技艺研承、藏族唐卡、庆阳香包等8项民间美术遗产，还有各项传统医药、传统手工技艺、民俗等文化遗产。

对于不同的非物质文化遗产，高校思想政治理论课教师可以将遗产特点、地域特点以及表现主要手段对学生进行详细讲解，不用做任何的地域要求，可以讲甘肃省内的诸多非物质文化遗产，也可讲自己喜欢的、感兴趣的非物质文化遗产，尤其是对于非物质文化遗产所蕴含的传统文化价值更要着重阐释。除教师讲解外，还可以鼓励学生多了解并实地考察自己家乡的非物质文化遗产，并在课堂上向大家介绍自己家乡非物质文化遗产的特点及文化价值，抛去传统的灌输式教学，让学生走上讲台。通过对教学手段和教学内容的创新，使受教育者在听取教师的讲解以及通过自己实地考察了解非物质文化遗产的过程中，激起对非物质文化遗产的学习兴趣，增强对中国传统文化的认同感和自豪感，有利于非物质文化遗产的传承。

第三节 中国传统文化融入高校思政教育的实践策略

一、中国传统文化与高校思政教育结合的具体策略

（一）完善思政教学理念和模式

传统的思想政治教育模式大多为了应付考试，教育形式多为说教式，而这种传统的教育模式的弊端则显而易见，枯燥乏味，不能被学生真正接受，因此，不能够继续作为新时代教育的方法，需要通过创新加以改变。首先，抛弃传统教育，寻求创新型教育的目的是减少课堂教育的独立性，将教育与生活融入起来，也能够减少学生学习的负担，提高学习的效率。而创新后的关怀型教育则是注重高校大学生发展过程中的交流，将教育的知识与理念渗入到课堂学习中，从而促进学生自主学习能力，提高对理论知识的理解，这是当代高校大学生必须接受的一个发展历程。对比二者，传统的填鸭式教育效果甚微，学生容易出现逆反心理，教育效果不够持久；而新型教育模式则大大提高和激发了学生参与的热情，更有利于培养高校大学生运用中国传统文化，并用其有效地解决实际疑难问题的能力。其次，这种教育形式的转变目的也是为了提升学生整体素质。目前考试成绩是衡量高校大学生的重要指标，而这不是考查学生综合素质的唯一标准，应付考试也不是高校大学生学习的唯一目的，因此，传统的应试教育并不能够培养和教育出综合全面发展的人才。现如今，生活和学习模式也是逐渐多样化，而多样化的出

现最终目的都是为了提高学生的自身能力。在现在的传统文化教育体系中，对高校大学生的思想政治教育目的不是单纯应付考试，而是将传统文化真正融入学生的生活中去，并运用其有效地解决思想疑难问题，从而提升高校大学生创新能力。

（二）合理选择教学手段

教学手段的合理选择对教学效果有着重要的影响，教师必须充分尊重学生的主体学习地位，结合学生的学习需求和认知主要特征来选择课堂教学手段，进一步切实贯彻因材施教的教学理念，构建开放式的课堂学习环境，激发学生的主观能动性。例如，教师要利用小组合作探究的方法来设置与传统文化相关的疑难问题，指导学生以小组为单位，通过社会调研和小组讨论来探究相应疑难问题，也可以通过课堂辩论来实现思维的碰撞，加强学生对优秀传统文化的理解。教师要注重结合信息时代发展的背景来突出传统文化的生动性，通过生动的课堂内容来勾起学生的探究兴趣，引导学生在思考和总结的过程中实现思想觉悟的提升。

（三）建立高素质的教师队伍

1. 完善中国传统文化方面的教师队伍培养

教师，是辛勤的园丁，是人类智慧的奠基石，也是当代高校大学生成才路上的指导者和引路人。因此，中国传统文化素质也将是考察教师综合能力的新的指标，这一指标也能够更好地帮助学生学习，提升高校大学生思想政治教育的质量。

2. 完善中国传统文化方面的教师评估机制

教师评估机制的创新，要在现有的教学实践中进行。对于评估机制的制定，考察因素较多，不仅是教师的实际教育质量，还有学生的实际学习情况，二者综合考虑再进行评估机制的改进。

（四）组织传统文化实践活动

借助社会和生活开展教育是陶行知的重要教学思想，这对高校思想政治教学具有很强的指导价值。优秀传统文化与高校思想政治课堂的融合，能够帮助学生深刻认识到传统文化的魅力和价值，将传统文化融入实践活动中，能够使传统文化更加贴近生活实践，使学生对传统文化拥有更加深刻的理解。在开展传统文化理论知识的学习过程中，教师可以利用文艺活动和社会实践等多种校园活动开展教育教学，也可以邀请一些优秀的教育名家来校进行专题讲座，通过各种学术研讨会增强学生对传统文化的认识，使当代高校大学生通过高校思想政治课堂感受到中国传统文化的精神力量，在思想政治课堂的学习过程中获得良好的精神感悟，使他们树立正确的社会价值观。

除此之外，也可以利用社团活动，这种潜移默化的、非强制性的影响手段，不仅能够吸引真正热爱优秀传统文化的大学生，还能通过社团活动的影响力吸引更多的大学生加入传承优秀传统文化的集体中去。在社团活动的具体实践中可以是学校组织的传统意义上的社团组织，也可以是具有时代特色的新型社团活动，多种多样的社团活动在丰富大学生课余生活的同时，达到传承中国传统文化的目的。对不同社团活动类型简单划分，可以分为传统型文化类社团活动；传统节日等民族性社团活动和具有现代特色的创新性社团活动。

首先，传统型文化类的社团活动，这类活动在高校之中较为普遍，一般以读书会、文化沙龙、演讲比赛和图书漂流等形式展开，通过直接接触优秀传统文化的内容，触发大学生的思考，以达到传承优秀传统文化的目的，这类活动具有一定的文学性，对参与者的文学素养要求较高，因此参与者多为相关专业或者热爱优秀传统文化的大学生，总体来说参与度较低。其次，传统节日相关的文化活动，比如端午赛龙舟、冬至节包饺子等，可以挖掘传统节日的活动形式以及风俗习惯，使大学生体验不同的活动主要手段和风俗。这类校园活动专业性较低，大学生的参与度较高。最后，高校中一些具有时代特色的创新性社团活动，比如说一些表演优秀传统文化中文学作品的话剧社，还有在漫画社中变化而来的针对中国古代人物进行的角色扮演，通过穿汉服、行汉礼等新颖的活动形式，吸引眼球，把中国传统文化与时代流行元素相结合，让传承优秀传统文化的形式更加符合大学生的需求。

（五）营造适合中国传统文化发展的育人环境

随着社会发展、世界经济的一体化进程的加快，这个时代对高校大学生的思想政治教育有了更高的要求，这就迫切要求我们探寻新的高校思想政治教育的新形式，来满足教学改革的目标和任务。其中，工作中最重要的环节、最重要的实施手段以及最有效的措施就是创造优秀传统文化这一育人环境。文化，归结来说就是某一地区或国家的人养成的习惯和风俗，其形成过程与内容与其所处的环境密不可分。高校是大学生成长的重要场所，其环境也对高校大学生的成长有着至关重要的作用，特别是其特有的文化底蕴和浓厚的学习氛围，都是影响高校大学生思想政治教育活动的关键因素。只有具备良好的学习氛围，完善的高校思想政治教育的体系，才能够进一步促进高校大学生的健康成长、成才，所以，高校必须强化自己的价值理念，丰富自己的文化水平，提升整体文化素养。从外观角度来看，高校的建筑也有相对应的环境要求，应当强化硬件设施，适当提高校园的文化氛围，促使高校大学生在包容、浓郁的学习氛围中学到知识，同时提高有效地解决疑难问题的能力。同时，创造轻松易于学习的文化氛围，激发学生们的好奇心和求知精神，开展不同类型、形式各异的文化实践活动，同时，在实践过程中培养高校大学生的文化创新精神，尽早实现对高校大学生思想政治的教育。最后，切实强化新时代传统文化的教育。传播中国传统文化的正能量，就会对非理性、不真实的东西具有辨识力。所以，我们要在全社会范围内传播中国传统文化的正能量。在社会中发扬和树立优秀的中国传统文化的典型人和事，促进全体社会公民共同学习典型的活动和比赛，例如，宣扬反恐活动、开展诚实守信、自立自强的传统美德的典型。同时，除了树立这些典型模范，还要重视社会存在的封建迷信活动，并将中国传统文化与封建迷信活动二者区分开来。同时，合理利用中华优秀的传统文化，以此教育和培养年轻人。

二、将中国传统文化融入高校思政课程的案例分析——以儒家思想为例

（一）儒家思想概述

1. 儒家思想内容阐释

儒家思想包罗万象，其主要内容可概括为以下几点。一是儒家思想的主要核心是"仁"和"义"。儒家认为"仁者爱人"是最高道德标准，注重人和人之间的相互关系，探求与人为善、克己爱人的处世之道。二是儒家思想中，基本处事原则为"礼"。儒家认为"不学礼，无以立"，强调以"仁、义、忠、信"的规范协调人际关系、以德树人、以礼立世。而"修己"在儒家思想中是注重自省自律、自我约束的道德修养。三是儒家所倡导的"修己以敬""修己以安人"强调自身始终保持严肃谦恭的态度，予人安定、予百姓安定，以此作为君子的自我修养。四是儒家思想中的"孝悌"思想被认为是做人、做学问的根本。孔子就曾强调"弟子入则孝，出则悌"。五是儒家所倡导的"知行合一"思想是实践的重要启迪，强调内在认知与外在实践的结合，是立身行事的一大要领。

2. 儒家教育目标描述

儒家思想的发展归功于孔子、孟子、荀子等诸多儒学思想家,由于儒家的崇高理想和卓越的教育目标,儒家思想有了发展的原动力。纵观儒家思想家的教育目标,都有一个共性,那就是将受教育者的德行放在第一位,要求人才具备仁义、博爱、立德、爱国的品质。

3. 儒家思想内涵理解

儒家思想庞大的内容体系里主要包含了"道"的本体、"仁"的人文精神、"礼"的规范三个层次的内涵。"道"的本体探寻什么是人的问题,"仁"的人文精神探寻如何做人的问题,"礼"的规范探寻如何处世的问题。从这一文化底蕴上看,儒家思想与高校思政教学思考一脉相承,儒家思想用无限的生命力为高校德育教育教学工作指引方向、铺垫道路。

4. 儒家思想特性分析

儒家思想作为历代儒者思想的荟萃,包含鲜明的民族文化与先进的教育理念,具有显著的自身特点。首先,儒家思想具有道法合一的思想体系,以对自然规律的理解以及人与自然关系的不同价值取向为出发点。将此思想体系运用于思政教学价值观培养上,在一定程度上能够与中国社会主义思想产生共鸣。其次,儒家思想具有知行合一的实践原则。儒家思想通过情操的陶冶和德行的实践,来达成人的社会价值和自我实现追求,这与德育中强调的知行合一原则完美契合。最后,儒家思想具有立足长远的思想追求。儒家思想追求学术的实际功能,注重个体"普世价值"和社会责任,充分体现出做人做事的脚踏实地精神。

(二)儒家文化融入高校思政课程的可行性分析

首先,我国高度重视儒家文化的现代作用,并为儒家文化融入"思政"课提供了有利条件。其次,国外和中国港台地区的经验和做法为儒家文化融入"思政"课提供了有益的借鉴。在教学内容设计方面,韩国对每一年龄阶段的学生,按照学生的成长特点,制订不同内容的儒家伦理教育模式。从幼儿园到小学三年级,主要教育内容为礼貌教育、秩序教育和共同意识教育;从小学四年级到初中,教育内容为民主公民意识教育,而高中以后则为世界公民教育。大学阶段则为培养公民的民族精神,其学科涵盖社会学、国语、国文、文学课程等。新加坡则把儒家文化作为民族精神的核心内容,1982年李光耀宣布在中学开设儒家伦理课,邀请在儒学研究方面有很深造诣的学者,对课程内容进行设计,拟定大纲,并成立"儒家伦理教育委员会",系统研究儒家文化对国民精神的教育。1997年新加坡发表了《共同价值观》白皮书,其内容很大程度上吸收了儒家伦理思想的精髓,如国家至上,家庭为根,种族和谐等。从治理新加坡的经验来看,如果不是广大的新加坡人民都受过儒家伦理思想的熏陶,新加坡是无法克服各个领域内的困难和挑战的。在教学实践上,韩国在基础教育层次,开设了各种形式的乡校。乡校以儒家经典为主要教育内容,以培养具备基本儒学涵养的人才为重中之重,大力支持儒家文化在各个地方的传承和弘扬。1881年以后,新加坡开始自觉的弘扬以儒家文化为主要内容的中国传统文化,设立私塾和会贤社等教育机构,普及儒家文化教育,1956年成立南洋大学,使儒家文化在新加坡发展到顶峰。日本则以儒家文化和本国传统文化中的"神道教"相结合,并在社会道德领域、家庭伦理领域大力普及儒家教育思想,尤其是儒家的人伦纲常使日本民众形成了极其浓厚的等级观念,同时日本将儒家思想深入到政治、经济领域,实现了国家的繁荣富强。我国港台地区对于儒家文化的继承和吸收,主要体现在品德教育和生命价值观教育方面。台湾地区则注重伦理道德教育,包括培养学生修己待人、立身处世和生活修养方面的规范,物质上强调继承中华民族传统美德,精神上注重培养人生理想、身心健康、文化艺术修养和道德意志的修炼。在生命价值观教育,我国港台的做法比较一致,由于受资本主义制度文化的影响,文化的多元性和冲突性导致了人伦关系比较紧张。因此,我国港台地区在教育内容方面,如教材设计上,增加了生命教育内容,培养学生珍惜生命,爱惜生命,发现生命的美。同时利用儒家文化的优秀内容,与我国港台地区的宗教文化结合起来,培养学生正确认识生命的价值,提升人生修养和人生信仰,注重艺术熏陶,让学生认知创造人生价值的重要性。

(三)儒家文化融入高校思政课的困难分析

目前,将儒家文化的优秀养分融入高校"思政"课,也存在一些困难。从教师方面来看,主要的限制性因素有两个方面,一是教学进度,二是教学模式。从教学进度上讲,儒家文化的融入将增加教师备课的时间,提高了对教师综合素质的要求,也拖延了课程的教学时间,提高了学生对课程消化能力的要求。另外,将儒家文化融入思想政治理论课,需要"思政"课教师对儒家文化有一个全方面的了解和掌握,并且能够对儒家文化中的各种思想进行完整的梳理,能够把儒家文化和某些社会事实结合起来,让学生可以从儒家思想的角度,思考与思想政治理论相关的问题从学生的角度看，首先，将加大学生的知识量。学生除了对课本有一个综合的了解外，还需要学习儒家思想方面的知识，这就使得学生必须由被动地接受知识转变为主动地学习知识，增加了学习压力。其次，"儒家文化"本身作为一种传统文化，正在和其他传统文化一样，随着社会成员观念的更新而渐渐消逝，并且有些理论观点已经不再被部分学生所接受。还有就是价值观问题，一些大学生的价值观取向逐渐趋于功利化，在这种功利化思想的诱导下，物质利益比精神修养显得重要。此外在教学模式上，将儒家文化融入高校思想政治理论课，目前没有一个成功的可以进行推广的教学范式，而且将马克思主义理论与儒家文化相机合，需要构建有效的教学平台，但也是困难重重。除此之外，思想政治理论课由于定位为宣传和传播马克思主义理论和党的理论方针政策，很少注意对传统文化的回眸或者反思，而且在理论界，马克思主义与传统文化理论被分割得极为明显，界限十分清晰。

（四）儒家文化与高校德育的联系

1. 儒家文化蕴含丰富的德育内容

关于道德观的教育，儒学思想家创造出了许多的道德条目，即德目。如"义"代表着做事的准则，要讲道义，不能损人利己，这对于现阶段的社会主义荣辱观教育，非常具有指导作用。作为社会公平的重要尺度，"义"是重要的衡量标的，促进社会正义，才可以实现人民的根本利益。

"礼"代表意志的外在表达，是自我约束，是"仁义"的体现，礼仪是现代社会人际关系中最为重要的处世原则，当然我们必须去除儒家中的落后传统，遵循在互相尊重基础上的平等礼仪关系，不能借助于传统的礼仪观念而索取个人自以为是的利益。总之，儒家的道德条目很适合于社会主义道德建设中道德规章制度的设立，可以从中汲取很多有营养的成分，有利于公民自觉的学习和践行道德规范，矫正人际关系中不恰当的利益关系。

2. 儒家文化提出了道德修养的原则和方法

儒家道德观认为，个人的道德修养不是靠外在的强制要求形成，而是依靠个体自己的自觉意识完成，因此儒家提出了很多让个体提升道德修养的准则，以期让道德主体达到尽善尽美的理想人性。

例如以下准则，"克己内省，身体力行"，"克己"就是控制自己的情感，约束自己的行为，使自己的言语和行为符合"礼"的规范；"内省"就是自我反省，即分析自己的言行是否存在错误,要改正哪些地方。"存心养性,反求诸己","存心"就是存善心,保持人天生的"仁、义、礼、智"的四端之心,"养性"最主要的就是寡欲,儒家认为人的欲望越多,善念就越少,"养心莫善于寡欲",只有清心寡欲,才可以保持人性的健康和完美。"反求诸己",就是一个人做事情如果达不到预期的效果,首要的就是扪心自问,而不是怨恨他人,要从自身上找原因,就好比射箭,如果箭射不中,不能怨恨对手,而应反思下自己,改正自己的缺陷;"化性起伪,积善成德"。所谓"化性起伪",认为人天生性恶,而仁、义、礼、德是后天所为的,"积善成德"就是一点一点地践行德行,用礼仪和道义规范自己的行动,对不良思想倾向和行为意向,随时予以纠正,注重"诚"的作用,要诚心守仁行义,以诚相待,要讲道理,不能刻意欺骗他人。

3. 儒家文化形成了一套系统的道德教育方法

儒家道德观认为道德教育不能仅限于个体的道德学习和道德熏陶,更重要的是身体力行,在实践中践行伦理规则和道德规范,这样才可以真正意义上体现一个人的道德修为和人生境界。儒家提出了很丰富的道德实践理论,"因材施教",儒家认为教学要想取得实效性,必须针对学生的个性差异和心理特点进行不同形式的教育。"学"与"思"相合,即注重对知识的自我学习和创新思考,以期从中领悟真理;"寓理于情",即注重对教育者的熏陶和感染,利用榜样、外部事物的特点,动之以情,晓之以理,提高领悟技能;"礼乐结合",儒家认为"礼"可以约束人的行为,"乐"可以提升人的审美情趣,礼乐结合,可以把僵硬刻板、规行矩步的礼教与开朗和谐、奋发向上、陶冶性情的乐教有机地结合起来;"知行结合",这是儒家道德修养的最主要的主要手段,即在实践中加强道德觉悟和自我修行,认为学习就是要循序渐进到实践就终止了,通过实践,个人能够通晓事物的真理,认知事物的本质和规律,从而达到"致良知"的境地,进而成为圣人。如果只是单纯的了解知识而不去亲力亲为,即使掌握的知识再丰富,也会出现困顿和迷茫。

总之,儒家思想的道德条目、行为养成和道德践履思想,对于思想政治理论课在教育大学生树立道德价值观方面,提供了很多的教育内容和方法,更重要的是,这也会提升课程的教学实效性。**(五)儒家文化融入高校思政课的教学方法**

1. 落实因材施教的理念

为了改变过去士大夫阶层控制着教育资源的局面,孔子设立了"私塾",为社会底层中的有志青年提供教育机会,并且在自己的施教过程中,很注意对学生的个体培养。因此也就留下了"弟子三千,贤人七十二"的千古美谈。对于"因材施教"在"修养"课中的运用,笔者认为一方面,要依据教材的内容进行教学,另一方面,要抓住学生的特点和教学规律来教学。

首先,由于"修养"课是道德教育课,而道德教育是一种观念教育,无形的教育,没有强制约束力,因此教师在融入儒家文化的时候,必须整体把握儒家文化的体系,把儒家文化中一些具有鲜明的时代特点、对学生具有强烈促进作用的儒家文化内涵,运用到教学之中,使学生在学习的时候,能够产生一种文化认同感,自觉接受儒家思想的熏陶和洗礼,从而实现道德塑人的目的。其次从教材结构看,笔者认为,"修养"课的教材结构方面,有一些问题,理想是人生观的重要内容,因而第一章和第三章的顺序可以进行调整,爱国主义是道德教育的首要目的,因而第二章和第四章也可以进行调整。对于第七章,可以融入第四章和第六章之中,因为从内容看,很多都是重复性的说明。这种结构调整,更加有利于儒家文化思想的融入,因为既可以实现内容的丰富性,也可以针对性的运用儒家思想进行教育,就不会导致各章节之间的串接、内容上存在重复。

其次,抓住学生的特点,运用相应的教学手段。教师除了认真分析教材的特点之外,还要关注学生的个性特点,从心理学的角度进行分析,个性是一个多层次、多侧面、多功能的结构,不仅表现为性格、气质、能力、行为倾向等方面的差异,也表现为个体理想、信念、自我认知方面的差异。因此作为教师,必须在充分认识学生的身心特点和规律的基础之上,采取与之相适应的教学手段,方能实现育人的目的,而不能一刀切,更不能戴"有色眼镜"区别对待学生。在教学手段上,依据现代教育学理论,主要教学策略有讲授法、演示法、讨论法和实践法,作为教师要适应多变的教学策略,按照学生的能力、层次和风格,以教材为本,熟练运用教学技巧,使教学具有针对性。另外,从学生的角度,要及时更新自己的学习观念、学习态度和学习作风,根据具体的教学实际,采取积极的应对手段,提高自己的学习效率。"修养"课教师,在注重学生道德教育的同时,一定要结合学生的实际,尤其是注意家庭因素在道德教育中的影响力。由于家庭是个人教育的起点,一些最基本的道德观的形成,很大程度上受家庭出身的影响,对同一个事物,不同家庭背景的学生所持的观点是不同的,有时甚至是颠倒的。因此作为"修养"课教师,一定要依据学生的家庭状况、经济实力,引导学生树立正确的价值取向。

2. 采取寓理于情的手段

情理结合的教学手段，在儒家思想里表现为仁智统一。"仁"是儒家的人文情怀，"智"是儒家的理性认知。儒家认为情感是理性的基础，理想情感的升华，孔子认为，仁智统一，合情合理，情感以理性为终极目标，情感中的仁义表达离不开高度的理性的自觉认知，这种认知的结果最后表现为情感的表达，所谓"情动于中，故行于声"。刘勰认为"夫缀文者情动而辞发，观文者披文以入情"，即文章主要是写作者依据个人的理性认知去写，而读书的人，就会产生与之相应的情感。由此，从"修养"课的角度，可以采取以下几种方法。一是形象教育法，也称榜样教育法，借助于具体的直观的事物形态或者典型事件、模范人物进行感染，激发人们对理论的理解和把握。如儒家把"玉"比作君子，这就很形象地说明了君子人格的魅力，即纯洁无瑕；如"感动中国"，这是一个非常适合大学生学习道德模范，提升道德修养的节目，大学生可以从不同的道德模范的身上学到很多做人做事的道理。二是艺术教育，也称艺术感染，利用文学、舞蹈、戏剧、电影、电视等文艺作品的欣赏活动、评论活动和创作活动影响和感染学生。用艺术教育的形式，对人施以感化，是一种寓教于乐的教学手段，这种手段主要以欣赏某种艺术的形式，引发人们的想象力和创造性，培养鉴赏辨别能力和审美情趣，陶冶道德情操，树立人们正确的世界观、人生观和价值观。艺术教育对于"修养"课教学而言，非常具有实际意义。举个例子，理想信念教育，可以利用"红色电影"或者青春励志电影，让大学生理解如何树立人生理想，如何实现人生抱负，如何创造人生价值。三是群体感染，儒家文化认为"物以类聚，人以群分"，由于人是社会人，置身于各种人际交往之中，就会随之产生不同的群体。每个群体都有自己的活动宗旨和组织原则，这些宗旨和原则对群体中的成员产生约束力和强制力，如校园中的各种社团、学生中的团组织和学校的党组织等。这些群体为了发展和壮大，就会形成共同的行动纲领，而这些纲领都是具有道德属性的。因而，个体加入群体之中，可以使个体自觉的接受群体的规章制度，接受道德教育，从而在无形之中优化个体的性格和行为，使其懂得如何根据需要，转变自己的角色。以集体主义教育为例，"修养"课教师应注重对学生荣誉感的培养，让学生明白"一荣俱荣，一损俱损"的道理，要让学生热爱自己的班集体，为班集体的荣誉而努力提升学习水平，要利用"竞争意识"作为道德修养的重要手段，让大学生领悟到，个体的道德水平不只是自己的事，更是整个社会的发展要求。

3. 实现教学手段多样化

礼乐并行是儒家道德教育的主要内容，也是道德教化的重要手段。其意义就是将道德礼仪与乐曲相结合，教化民众，使之形成良好的道德行为，高尚的道德情操。在传统文化中，"礼乐"主要出现在君王登基大典以及各种传统节日之中，而以"祭祀"最为常见，也最为正规。

"礼乐并行"首先，要注重"礼"。中国自古以来称为文明礼仪之邦，在传统文化中，对于"礼"的规定和做法，可谓"尽善尽美"。如君臣之间、长幼之间、尊卑之间要行跪礼，同辈之间、各级官员要行作揖礼，夫妻之间要行敬礼等，尽管带有不平等的色彩，但都是表达对对方的一种尊敬。为了稳固统治，封建君王更是要求百姓严禁僭越礼仪，并以死刑来稳固礼仪道德规则。然而也正是在这样的一种"礼仪禁锢"之下，中华民族形成了独具特色的礼仪传统，并且影响深远。作者认为，"修养"课必须重视礼仪教育，因为懂文明、讲礼貌是一个道德高尚的人的重要体现。在校园内传播礼仪传统，一方面，有利于校园文化的繁荣和发展，另一方面，有助培育文明、和谐、稳定的校园风气，有助大学生培养开朗、豁达、明事理、通人情的心态，从而避免一些校园暴力事件的发生。当然，对"礼"的教育不能过度，不能只讲礼不讲情，必须把人与人之间的礼仪建立在人格平等的基础之上，例如，现在社会上存在着为老不尊、倚老卖老的现象，有些人自认为作为老人，理应得到尊重，作为长辈，理应得到晚辈的敬仰，于是就对晚辈为所欲为，甚至理直气壮，这是非常不值得提倡的。儒家认为"礼"是"仁"的外在行为，因此要想得到他人的尊敬，必须以诚待人，懂得"仁者爱人"的道理。

其次，对"乐"的教育。古人祭祀活动，都会采用乐曲，这样就会产生一种气势磅礴的氛围，给人一种隆重、庄严、肃穆的感觉，从而产生对上天、对大地的崇敬之情。儒家"乐教"思想的目的是促进道德的感染、熏陶以及启示。借助于乐曲，可以净化人的心灵，启迪人们思考，鼓舞人们的斗志。例如，《左传》中"曹刿论战"，来自乡间的曹刿，利用锣鼓"一鼓作气，再而衰，三而竭"的方式，使弱小的鲁国打败了强大的齐国。因此作为"修养"课，利用音乐加强对学生的道德熏陶，是十分必要的。一方面，有利于提升学生对音乐的鉴赏能力，另一方面，可以使学生通过音乐，启迪人生思考。"修养"课中有关于家庭伦理教育的内容，那么就可以运用"乐教"，对某些社会现象进行启迪思考。以"空巢老人"和"留守儿童"为例，由于生活压力大，很多的年轻人只注重于在外打工赚钱，缺少了对父母的关爱和对子女的呵护，导致了老人和儿女缺乏必要的心理安慰，感情也变得越来越淡薄，如果让年轻人经常聆听一些表达对父母、对子女关爱的歌曲，必将有利于缓解彼此之间的关系，通过彼此之间频繁的沟通，营造和谐的家庭氛围。

4. 善用启发诱导手段

"灌输式"教育是传统思想政治理论课的主要教学方法，就是把马克思主义理论以及相关的知识"填鸭式"灌入学生的大脑之中，既没有认真的讲解，也没有进行任何的加工，使得教学效果大打折扣。对"修养"课而言，这种方法是非常不值得提倡的。首先，灌输式的道德教育，会使学生产生一种逆反心理。因为社会的发展是动态的，不是静态的，人们的意识观念也会随着社会的发展而变化，旧有的观念会因为时代的发展、文化的交融，显得很落后、陈腐，有的时候也会很僵化。其次，学生是有差异的，既表现在身心方面，也体现在价值观抉择方面，由于个人兴趣爱好，家庭背景，经济状况的差异，使得学生对于道德观念的诉求是不一样。因此使用"灌输式"的教学主要手段，教学效果不甚理想。而在教学中，使用启发诱导式的教学主要手段，则会提升道德教育的效果。

儒家对于启发诱导，主张"不愤不启，不悱不发，举一隅不以三隅反，则不复也。"意思是，当学生弄不清楚却想弄清楚的时候，不去启发他，当学生说不出来道理却想说出道理的时候，不去诱导他。启发诱导，有"启"有"诱"。"启"就是依靠学生自身的努力，让他们独立学习，独立思考，以更好地发挥创新思维能力。以"修养"为例，要做到这一点，首先，必须注重对学生的道德观念的传授，让学生整体把握道德价值体系，包括道德意识、道德原则、道德行为等，让学生进行有意识的思考。其次是"诱"，即针对学生无法理解和消化的知识，教师有针对性地进行引导，其主要手段主要为采取设喻、点拨和解惑，对于学生提出的问题，不给予正面的回答，依靠创设情境，设立各种问题，让学生沿着问题思考的路径，进行剖析和总结，寻找最终的结果。

5. 引导学生学思结合

《论语》开篇的"学而不思则罔，思而不学则殆"指出了"学"与"思"在接受知识方面的重要性，儒家自孔子到后世的学者，都把"学思结合"看作做人、做学问的重要法则。儒家提出"学思结合"的德育方法，主要是因为世人学习存在着学思"断裂"的特点，对于知识要么不求甚多，要么不求甚解，进而导致人格上的"分裂"。

"学思结合"从心理学上讲，主要是因为个体对于外部事物的认知存在着过程,要经历由浅入深,由简单到复杂,由外到内的过程,要透过事物的表面现象,认知事物的本质。对于道德修养而言,也是一样的,个体只有充分认识道德形成的基本规律,才可以树立个体崇高的道德人格。对于以"思想道德"为主要内容的"修养"课而言,必须重视"学"与"思"的辩证关系。对于道德观念的形成、道德素质的养成,不能以课本上比较宽泛的道德理论为学习道德知识的主要来源,也不能仅仅依靠书本上的道德理论来思考个体的道德问题,否则就会给学生有一种从书本到书本、从理论到理论的"道德无感"的感觉。必须结合具体事件,运用儒家"见贤思齐""反求诸己"和"推己及人"的道德自悟方法,进行道德教育。"见贤思齐"即个体对道德现象的正确认知,"反求诸己"即个体在对道德现象认知的基础上的道德内化,形成个体的道德素养,"推己及人"即个体的道德外化,通过具体的道德实践,提升道德形象,遵循个体道德品格形成的内在规律,实现了道德教育的终极目的。例如,怎样看待"扶不扶"事件。"乐于助人"本来是中华民族的传统美德,也是社会主义荣辱观的重要内容。然而由于受到法制不健全、医疗制度不完善、个人功利化倾向越来越严重等因素的影响,有些人专门利用"碰瓷儿"来谋取私人利益,故意摔倒,讹诈他人,使很多乐于助人的人,付出了惨痛的代价,因而也就导致了"见倒不扶""不闻不问"等行为倾向,这样也就使得很多社会成员形成了畸形的道德观念。对于这种问题,很值得大学生去思考。"扶不扶"尽管涉及经济利益问题、法律制度问题,但其根本还是人的思想意识问题。儒家思想提到,由于人欲望的不断膨胀,就会失去对"善"的追求,最终还会失去做人最起码的尊严。作为大学生,应该乐观的对待"扶不扶"问题,不能因为别人的惨痛教训,而见死不救,要相信社会中还存在着"爱",还充满了人与人之间的温暖之情,要不断注重内在修养,看到了摔倒的老人、倒地的孕妇,要及时予以救援之手,要大胆向周围群众、舆论媒体展现大学生乐于助人的品质,要借助校园公众媒介、新媒体宣传党的公民道德建设内容,自觉的宣传传统道德文化,践行社会主义核心价值观和社会主义荣辱观。

6. 引导学生身体力行

所谓"躬行践履",就是注重实践性,大力倡导实践精神。古语说"纸上得来终觉浅,须知此事要躬行",对于知识,不能停留于书本,要将其运用到实践之中,才可以检验知识的正确性,辨明真伪。荀子说,"不闻不若闻之,闻之不若见之,见之不若知之,知之不若行之。"因此,道德缺乏躬亲践履,就会是虚无缥缈的东西,就像"纸上谈兵"的赵括,由于缺乏实践,在长平之战中,葬送了赵国二十万军队。

如果道德也像这样，那么一个民族就会失去起码的尊严和骨气。

当前，部分高校由于"思政"课的教学脱离实际，改革滞后，不能适应社会发展和学生成长的需要，使得学生对于课程的学习没有动力，因而思想政治理论课教学普遍出现了这样一种现象，即学生在平时上课中，不注意知识的学习和巩固，到了考试的临近，加班加点，以求能够通过考试，这种学习的态度与思想政治理论课的教学目标背道而驰。以"修养"课为例，笔者认为，课程教学的最终目标是实现学生综合素质的全面发展，即培养具备高尚的道德情操、崇高的理想信念、完善和健康的人格以及能够承担起民族复兴大业的栋梁之材。因此，对于学生综合素质的教育和培养不能停留在书本上，应该突出实践性。邓小平说过，实践是检验真理的唯一标准，通过实践，也是检验课程教学效果的标准。大学生能否适应社会的需要，能否创造和实现人生价值，"知"是基础，"行"是关键。儒家思想家王阳明所倡导的"知行合一"的思想，就是注重于知识的实践性，并且认为通过实践，可以使个体的道德修养得到极大的提升。在王阳明看来，知是行的开端，个人的一切行动必须首先建立在理想的认知基础之上，然后行才是知的终点，通过行动才可以明晓知识的内涵，并且可以进一步补充知识的不足。这一点在个人修养方面，值得大学生和"思政"课教师思考。中国古代有很多道德践履的故事，教师在课程教学之中，应该积极挖掘这些道德修养的故事。如"张良进履""黄香温席"的故事，这些名人的故事，很值得在课堂上进行讲授、让学生理解和感悟。除此之外，作为"修养"课的重要教学任务之一，理解和接受党的优秀传统再教育，是大学生重要素质和能力的展现。比如"红色旅游""再走一次长征路""重温红军革命传统"，高校可以开展类似的活动，以专题或者调研的形式，让学生自发的参与到革命历史再教育活动中。这些形式都是知行合一的重要教学实践模式，很值得在教学中进行推广，不能因为这些活动的长期性、费时性或者危险性，而不予以支持。

大学生作为一个社会人，要懂得道德修养不能仅仅依靠书本的学习，更重要的是要在社会实践及人与人之间的交往中，通过反思各种社会关系、个人与他人的言行举止，然后化性起伪，使自己明白什么是"善"，什么是"恶"，领悟到人生的真谛、道德的意义，以不断适合社会的发展需求，实现自己的人生抱负。以社会主义核心价值观教育为例，大学生只有遵循社会主义核心价值观的内在要求和基本规范，才可以使自己在激烈的市场竞争中立于不败之地。如果一味地追求一己私利，追求奢靡之风，享乐之风，就会使自己迷失人生的方向，丧失自己作为人的道德底线，进而被社会所唾弃。

因此，作为"修养"课教师，应该积极引导学生参与各种社会实践，使大学生在实际锻炼中自觉的提升个人的品德修养，提高道德选择的能力，树立乐于助人、服务社会、报效国家的理想信念。

儒家文化博大精深，具有悠久的发展历史，是一种很值得当代人继续传承的文化。今天的中国，在建设高度社会主义物质文明和精神文明的同时，应该十分注重将传统文化优秀遗产发扬光大，充分挖掘传统文化中的精髓，服务于"中国梦"的实现。尽管儒家文化中有一些糟粕，不可否认的是儒家文化中丰富的人伦思想、道德观念、社会治理方法、教育理论等，对当代中国的物质文明、精神文明发展，对实现中华民族伟大复兴都具有重大的现实借鉴意义。因此，在高校思想政治理论课的教学过程中，教师应该努力挖掘儒家文化的优秀遗产，以科学严谨的态度，重新审视儒家文化的重要性和当代价值，将儒家文化的优秀成分充分应用于思想政治理论课，提高教学艺术性、实效性和创造性，增强课程教学的吸引力和感染力，同时也为马克思主义中国化、时代化和大众化拓展更加广阔、深厚、优质的传播土壤。

（六）儒家思想在高校思政课程中的落实

在教育目的方面，儒家以"圣人""君子"为培养目标，这种目标的内涵是道德水平与知识水平相统一的，再看高校思想政治教育，同样是将这两样作为人才培养的目标。科教兴国战略强调了高专业技术、高知识水平的人才在社会主义事业建设中的绝对作用，而高尚的道德则是一个人才在社会主义各项事业中能多大程度为人民服务的先决条件。在对道德水平的重视程度和认识程度的层面上，儒家思想和高校思想政治教育有着共通性。

另外，由于教学目的同样重视提高人的道德水平，内容上的相似就更加明显了。道德教育既是儒家教育思想的核心，也是高校思想政治教育的主要内容；儒家倡导"忠君爱国"的思想，以天下兴亡为己任，忧国忧民，矢志报国，而爱国主义也是社会主义核心价值体系的主要内容；"为人民服务"理念是我们党一贯的本色，也是思想政治教育的教学内容。最后，儒家思想经过数千年的传承与发展，其多数思想和理念在已经成为人们待人接物的处事准则。可以说从刚出生开始，人们就已经受到儒家思想的潜移默化的教育，即使是现代化的今天，以儒家"仁、义、礼、智、信"为代表的精神核心依然能在人们的日常生活中找到痕迹。正是基于这样的传统和成长环境，高校学生对于儒家思想都有基本的认知和肯定，在高校思想政治教育中加强儒家文化的教育具有相当的可行性。

1. 将儒家思想作为思想政治教育的教学文化背景

儒家思想正式形成于西周时期，是在特定的历史条件下我国特有的自然条件、社会环境、政治经济结构对社会文化综合影响的结果，一方面，既是孔子对当时传统文化的辩证继承，另一方面，又是根据时代背景做出的发展。由于儒家文化与生俱来的、与时俱进的品质，经过数千年的发展，已经成为极具民族特色的东方文化，它不仅存在于往圣先贤的著述中，而且作为中华民族特有的思维模式、伦理道德观、价值评判标准、行为手段和民俗风尚等各种形式存在于人们的社会生活中，既深刻地影响着人们的日常生活，又不为人们所觉察。正是因为数千年来，儒家思想已经内化成为中国人的文化心理和文化性格，儒家的伦理道德思想才那么深入人心。儒家思想重视人思想道德方面的教育，既是中国传统伦理道德的重要源泉，也是中华民族精神、民族文化的重要源泉。对于不同地区、不同时代的孝行或大善事，不同社会阶层，不同受教育水平的人们都会由衷地生出赞叹和敬佩之心，这体现的正是儒家道德思想的力量。高校学生生长于这样的环境中，从小的耳濡目染使他们具备一定程度的儒家道德思想，包括热爱祖国、尊老爱幼、尊师重道等，因此将儒家思想作为思政教育的文化背景容易得到他们的认同。同时，还应该注意到儒家文化本身就非常重视教育，几千年来，历朝历代都不乏身体力行提倡教育的大儒，他们的教学活动不断地丰富了儒家的教育思想，其中包含的教学理念具有直接现实性，一些教学规范具有极强的约束力，可以直接拿来应用在高校思想政治教育课程中，不仅可以增强对高校学生的教学效果，对于授课教师来说也能起到规范其言行举止、提高教学理念的作用。

基于上述内容，在高校思想政治教育的具体教学中可以尝试将儒家文化作为大的文化背景应用在课程中，在具体过程中应该注意要科学地规划好不同层次、不同阶段的教学目标所能够应用的儒家经典文化，根据不同年级的基础来配置不同深度的儒家文化教育。二者存在一定的历史继承性，并且有着共同的道德评价标准，这种应用不会显得很突兀。同时儒家文化又能给思想政治教育课堂提供大量的德育故事和理论支持，对于思想政治教育的一些教学内容，儒家文化中的一些传统元素、故事等精神文化遗产都能起到很好的诠释作用，这种情况下高校学生在听课时容易对思想政治课程的教学内容产生共鸣。传统的儒家文化在当代焕发出新的生机的同时，思想政治教育也能借着儒家文化有益内涵的促进而获得发展，进而培养出符合社会主义事业要求的德才兼备的人才。

2. 营造良好的教育环境

将儒家思想植入高校思想政治教育中，并发挥出其应有的作用，这需要一个过程。其中，形成一个重视儒家文化的良好教育环境非常重要，这需要多方的协调和努力。儒家重视环境对人成长的作用，孔子认为应该选择与有仁德的人做邻居，他说："里仁为美。择不处仁，焉得知？"孟子的母亲为了培养儿子成才，十分重视居所周围的环境，她三次迁居的故事脍炙人口。环境对人的影响是巨大的，它通过耳濡目染的熏陶和潜移默化的暗示，对人的精神世界产生一种导向作用。营造良好的教育环境，并不能单纯的依赖高校对校园精神文化和物质条件的建设，更需要全社会的共同努力和维护，才能塑造出良好的、健康的教育环境。

首先，学校在建设高品位的儒家思想教育环境中起到最重要的作用。无论是将儒家思想应用在思想政治教育中还是形成一个重视儒家思想教育的校园文化环境都需要学校领导层的认可与推进。在高校学生成长的过程中，学校环境始终是接触时间最长、最熟悉、也是最重要的一个环境，为了使儒家思想在思想政治教育教学中的应用发挥更大的作用和影响，高校在教育环境的建设中应该先注意加大图书馆对于儒家经典典籍的投入力度，多数学生对于儒家文化的认识仅仅只是知其然而不知其所以然，对相关书籍加大投入力度，提供更多的知识获取来源，可以帮助高校学生在阅读中做到既可以在儒家典籍中学习思想政治教育内容，又能够在思想政治教育课堂中借助儒家理论更好的理解授课内容。同时也应该多举办相关的讲座和知识竞赛，通过丰富的校园文化活动来拉近高校学生与儒家道德思想的距离，这些不仅对思想政治教育学科有着重要的促进作用，同时提高了学生的文化品位，对于良好学风、校风的形成也是至关重要。此外，高校应该改变对学生思想政治水平的单一评价体制，一个人的道德修养不可能通过考试分数获得衡量，平时的行为很难被纳入评价范围，因此高校应该将注意力更多集中在学生平时在学校环境中的行为表现上。

其次，社会同样有责任有义务为学生提供良好的教育环境。人们每天都生活在社会中，在其中流传的思维意识、价值取向、行为主要手段等都会影响到每个人。近些年来，随着经济建设的发展，对外开放的程度加深，一些资本主义世界不好的生活方式和价值观念来袭已是不争的事实，学生群体具有涉世未深、主观意念易受干扰的特点，在这种环境中更容易受到影响。多年来，我国传统文化在社会生活中由于受到多方面因素的影响，尤其是儒家思想更被作为过时的僵化的文化，使得学生群体从小忽略了儒家文化。最近几年的《百家讲坛》等普及传统文化的节目又更新了人们对于传统文化，特别是儒家文化的认识，在社会生活中人们体会到儒家思想的现实价值，不约而同地投入儒家文化的学习中，掀起了一股国学热潮。社会对儒家思想的重视能够深刻地影响学生群体的价值观选择，对待儒家文化也会采取更加重视的态度。一旦在他们的学习生活中形成了这样的习惯，在价值选择方面自然会遵从儒家的道德规范，对在高校思想政治教育中应用儒家思想，他们能够更好地接受和适应，从而更容易实现思想政治教育的教学目标。

3. 借助现代化的教育媒介

随着科学技术的不断发展，互联网构筑的网络世界成为花费高校学生课余生活大部分时间的主要场所。电子技术的发展同样为传统的教学活动提供了新的手段，并且为教育现代化的实现提供了便利。针对当今高校学生对于计算机和网络技术频繁的使用程度，在高校思想政治教育的授课中可以利用好这些现代化的科学技术和媒介来传授课程内容和儒家思想。"师者，所以传道受业解惑也，"在当今知识信息愈发开放的今天，对一些问题的解答并不都是出于专业的学者，而是人人都可以为"师"，人人都好为"师"，他们给出的答案大多是主观的臆想而非专业的论断。当代的大学生喜欢利用"百度知道"之类的网站在线提问，针对这种现状，高校思想政治教育学科应该建立专门的网络平台，组织一批专业知识过硬的教师团队，及时的针对高校学生的提问进行答疑解惑，避免他们受到网络上不正确思想的诱导。同时，应当建立专门的网上宣传阵地，对各种群体进行传统儒家文化知识的普及。在线上平台的建设过程中，应当格外注意避免空洞、刻板和理论式说教的模式，注意到网络灵活多变的特性，采取受学生喜欢的风格和形式，多借鉴一些成功的案例。例如，通过《百家讲坛》等节目，传递正确价值观、阐述学科教育目的的电影、电视剧来吸引在校学生，并通过详细的解读来引导他们感悟到其中的道理。电视剧《大宅门》《乔家大院》都取得了不俗的口碑和很高的收视率，其中蕴含着孝文化、商业活动中的信义精神、爱国主义思想等丰富的儒家文化精神，对于高校学生来说，既是视觉娱乐的享受，更是一种道德情操的陶冶。此外，有许多社会组织热心于弘扬儒家思想等中国传统文化，有的组织专门制作了"中华德育故事""圣贤教育改变命运"等教育视频，这些视频富有艺术性和趣味性，又包含了儒家文化的经典理论，通过耳熟能详的名人轶事和圣人语录，深入浅出的将儒家道德精髓娓娓道来，在思想政治教育中如果能利用好这些新媒体资源，一定可以取得事半功倍的效果。

4. 将儒家文化深度融入思政教学内容

（1）儒家文化融入大学生人生观教育

高校思想政治课进行人生观教育，必须在马克思主义人生观指导下，引导学生树立远大的理想和科学的信仰，正确认识人生的意义和价值，形成积极向上的人生态度和健康、文明、科学的生活主要手段。同时吸取儒家人生哲学中优秀养分丰富教学内容。

儒家认为要想自己的人生理想得以实现，人生目的得以达成，就必须端正自己的态度，包括学习态度，做人态度，做事的态度，做学问的态度，这样就会使实现理想的过程不偏不倚。在学习态度上，儒家认为要"学而时习之""温故而知新"对知识要注重温习和反思，要"学而不厌，诲人不倦"，对知识要保持一种饥渴的态度，要有一种"活到老""学到老"的意志，同时"学不可以已"，学习是永无止境的，要知道"青，取之于蓝，而青于蓝"，人只有不停地学习，不断用知识充实自己，才可以不断成长。此外，学习知识不是一种"装潢"，更不是炫耀自己，而是充实自己以修身养性，要把它当做一种"内圣"的功夫。在做人的态度上，主张"三人行，必有我师焉，择其善者而从，其不善者而改之。"要认真审视周围的人，学习他们的优点，对于缺点，要对照自己加以改正，"见贤思齐焉，见不贤而内自省也"，要善于观察别人的言行举止，"敏于行讷于言"。要学会"君子慎独"。要懂"礼"，"非礼勿视，非礼勿听，非礼勿言，非礼勿动"。要恭敬他人，有仁爱之心，"己所不欲，勿施于人"。对于做事的态度，要能够忍受住心志上的艰苦、筋骨上的疲劳、体肤的饥饿、身体上的贫乏，只有这样，一个人才会增加他所不能有的才华。此外，还要有持之以恒的毅力，"不积跬步，无以至千里，不积小流，无以成江海"，要懂得"千里之行，始于足下"的道理，不能好高骛远。对于做学问的态度，儒家认为要"身教重于言传"，教师不能空口无凭，纸上谈兵，要身先垂范，其次要注重教育方法的合理运用，对于学生的身心差异特点要因材施教，对于学生领悟知识的能力，要因循善诱等。

（2）儒家文化融入大学生道德观教育

道德观是人们基于对道德现象的认知所形成的系统性观点，是人们在特定的社会历史条件下，依据个体的社会立场和行为取向，对社会道德现象进行观察和分析的结果，其主要的内涵就是判断善恶是非。道德观会随着不同的时代、不同的社会，产生不同的含义。例如，我国目前社会主义道德观的主要内容是以"八荣八耻"为核心的社会主义荣辱观。而传统意义上的"道德观",即为儒家的道德观。重视道德观教育,从个体的角度讲,有利于个体学习传统道德理论,自觉进行道德修养,提升道德素质,铸就道德品质,通过正确认知社会道德现象,养成良好的道德行为;从社会角度讲,有利于加强社会主义道德建设,践行社会主义荣辱观,改善社会风气,创造健康、积极、向上的良好社会环境。高校教育引导学生树立正确的善恶观,培养高尚的道德品质,锤炼坚强的道德意志,进而按照社会主义道德建设的要求,成为"有理想、有道德、有文化、有纪律"的新人。道德素质教育是"修养"课的重要目标和任务,实现这一目标,要讲清楚马克思主义道德理论,社会主义社会道德的原则和要求,个体道德修养的规律和方法等。这方面,儒家文化有着道德教育的优良传统和经验积淀,值得"修养"课挖掘和借鉴。

（3）儒家文化融入大学生心理健康教育

对于高校而言,加强心理健康教育,是"修养"课的重要任务,有助于培养大学生正确的认知能力,积极向上的情感、情绪,和谐的人际关系,并克服各种心理危机,实现个人身心健康发展。儒家文化中关于情绪调节的方法、处理人际关系的技巧、修身养性的心理保健艺术、奋斗不息的精神追求是丰富心理健康教育的宝贵财富。

①儒家"和为贵"的人际关系原则

和谐的人际关系既是个体心理健康的基础,也是判断个体心理健康与否的重要标准。对于人际关系,儒家提倡"礼之用,和为贵"的原则。所谓"礼之用",也就是礼法的用处,从儒家对"礼"产生的原因的角度,由于人是有欲望的,用"礼"可以约束人们的行为,节制人的欲望,以调节人们的情感。"和为贵"则是儒家表达"仁"的主要手段,主张个人、社会、国家应该遵循"天下大同"的原则,在彼此交往中,要以和为贵,出现分歧,要心平气和的商量,而不能意气用事。由此"礼之用,和为贵"思想在心理健康方面也具有很大的指导作用。

儒家认为,"仁,人心也,义,人路也。"而"礼,门也。"意思是,"仁"是做人的本质,"义"是做人的原则,而"礼"则是对仁义的施展。从另一个角度,把"礼"比作"门",充分说明了儒家对"礼"在道德规则里的重视。"己所不欲,勿施于人",也是儒家提倡的"礼",主张个人不能把自己的意志和错误的行为,强加给他人,这是不仁义的。《礼记》里说,仁、义、礼是同一类事物,只是高低层次不一样,如果失去了道义,就要施行仁政,如果没有仁政,就得注意道义,如果没有道义,就要注重礼法,但如果没有礼法,天下就要大乱了。其次,对于"和为贵",儒家主张"和而不同""求同存异"。因为社会是由人组成的一个整体,每个人在生活、学习、工作中都要与他人进行交往，难免产生不一致的想法和行为。"以和为贵"的思想，就是能够认同彼此之间的差异，通过求同存异的主要手段，寻找彼此利益一致的选择，从而达到尊重彼此，各得其所。儒家"礼之用，和为贵"的思想对于处理人际关系紧张问题，有很大的借鉴作用。由于功利化意识的浓厚，人们的价值评判标准良莠不齐，有的人注重实效性，有的人注重价值性；有的人注重个人私利，有的人注重公众利益，如果对这些具有差别性的价值取向不进行纠正，就会导致意识混乱，道德沦丧，使得社会风气败坏，国家难以立足于世界之林。"礼之用，和为贵"可以纠偏人们的价值观念，约束人们的道德行为，节制人们的功利欲望，提升个体心理健康水平，并形成和谐向上的社会风气，促进精神文明建设的良性发展。

②儒家"修身养性"的心理保健艺术

儒家教育的目的在于人的道德完善，价值观革旧更新。儒家认为，可以通过个体坚持不懈的自我修养，来实现个人品质的转化，使自己的心智成熟起来。如"吾日三省吾身"，通过每天自我的反省，认识自身的优劣，以"劝学"的主要手段，弥补不足之处，充实自己的学识；"克勤克俭"，要热爱劳动，要用自己的双手创造自己的价值，要节俭，懂得克制自己的欲望，不能挥霍无度；"君子慎独"，要严格要求自己，不能因为没有压力而放松警惕，没有动力就不愿意继续修行，要反躬自省。除此之外，儒家认为可以从别人"修身"的行为中得到启发。并认为与一些品行高尚的人交往，会在不知不觉之中受到感染而主动完善自己的品质。

对于"养心"，儒家认为"养心莫善于寡欲"，由于懂得克制自己的欲望，就会知道谨言慎行。"养心"是调节各种心理因素，实现心身和谐。对于"养心"，首先必须要对初心的不断养护。初心即本心，就是"善"，要对人的天生善念进行培养，使潜意识层面的处世心态得到满足，如舜在深山里的时候，住在木石头盖的房子里，与鹿和野猪游玩，跟山里的野人一样，但看到善言善行的时候，就好像江海决堤，说明对于人初始之心的培养有助于后天心智的健全。其次是通过后天的教育，对初始之心进行"蜕变"，即"得道"，也就是儒家仁义礼法的教育，关于这一点，这里不再赘述。

儒家这种"修身养心"的心智教育方法，很值得大学生去学习。大学生由于心智上不健全，对于外部事物的理解很局限，有时仅凭事物的外部现象而妄加决断，无法认识事物的本质；对于自身的错误，无法进行反省，而一意孤行，恣意妄为，我行我素，导致了心理上偏激和固执，对人、对物态度冷漠，追名逐利，欲望过盛，甚至会引发心理障碍和疾病。借助儒家的"修身养性"心理教育方法，有助大学生舒展身心，健全人格，完善人性。

③儒家"自强不息"的精神追求

"天行健，君子以自强不息"，自强不息的奋斗精神，是中华民族的传统美德，既体现了一个国家和民族不屈不挠的抗争精神，也体现了个人的奋斗精神。培养大学生自强不息的品格，有助解决大学生各种心理障碍与问题，增强热爱生命的观念，让大学生更好的领悟人生真谛。儒家认为"自强不息"首先体现为个人的"乐天安命"的情操，因为只有这样才会珍惜生命，注重生命的可贵。"乐天知命，故不忧"，正视自己的生命价值，欣赏自己。"妖寿不贰，修身以俟之，所以立命也"，即一个人活在世上，必须有所成就，有所寄托，要自强不息、不畏艰险。"自强不息"也体现为一种意志。孔子对自己的生活写照是"饭疏食，饮水，曲肱而枕之，乐亦在其中矣"，而颜回"一箪食，一瓢饮，在陋巷，人不堪其忧，回也不改其乐"，都表现了一种乐观向上、独立自强的生活意志力。除此之外，儒家也认为，自强不息有助于克服人生挫折和苦难，让个体能够在磨砺中不断成长，成就个人伟业。伟大出于平凡。如舜是在田野之中被起用的，傅说是在构筑城墙的过程中被发现的，胶鬲是在贩卖鱼盐的市场上被发现的，管夷吾是从牢狱之中放出来后才被任用的，孙叔敖是从海边被推举进朝廷的，百里奚是从市井之中被举荐的，这些都是从平凡而又艰苦的环境中，通过自强不息的斗志，被人发现才华的。因此，对于当代大学生而言，应该继承和发扬自强不息的民族传统，坚持不懈地努力学习，在困境之中磨砺成长，才会最终成就自己的人生事业。

（4）儒家文化融入大学生审美教育

审美教育，简称"美育"，是通过艺术形式、自然物状态和社会现象而进行的一项教育活动，主要目的是培养人感受美的能力，提高鉴赏美的技能，提升创造美的想象力，以此树立人们正确的审美观点，审美情趣和审美理想，进而影响人们的思想情感、聪明才智和精神风貌。"美育"是"修养"课必不可少的教学任务。通过对大学生的审美教育，可以利用美，陶冶大学生的情操，净化心灵；学习美，激发学生的学习兴趣，积极思考；体验美，完善大学生的人格，修身养性。同时，借鉴儒家的审美思想来丰富"修养"课的审美教学内容是有价值的选择。

①"君子比德"的审美情趣

"君子"是儒家的理想人格，而"君子比德"意思是将自然物（如山、水、松、竹、柏等）的某些特点与君子的道德属性关联起来，借助于自然物特有的情义而意会审美主体的某些品德美。儒家的这种认知是建立在对艺术的本质的认识基础之上。儒家认为一切艺术作品都是主体情感意志的内心抒发和外在表现，如《诗经》，孔子认为"《诗》可以兴，可以观，可以群，可以怨"，即认为《诗经》之中表现了主体的思想和情感，描述了社会风俗习惯，表达了一种责任意识，抒发了对政治流弊的怨恨。"智者乐水，仁者乐山"思想也是对这一理论的肯定，认为不同道德品质的人，对于自然物象的观察，所表现出的欣赏角度和喜好也是不同。智者乐水，是因为水具有川流不息的特点，这与智者的机敏和睿智很相似，仁者乐山，是因为山川屹立不动，与仁者的宽厚、沉着稳健的品质是相似的。还有，儒家还把美玉和君子的品性相对应，如子贡问"君子之所以贵玉而贱珉者，何也？为夫玉之少而珉之多邪？"孔子的回答是，"恶！赐！是何言也！夫君子岂多而贱之，少而贵之哉！夫玉者，君子比德焉。温润而泽，仁也；栗而理，知也；坚刚而不屈，义也；廉而不刿，行也；折而不挠，勇也；瑕适并见，情也；扣之，其声清扬而远闻，其止辍然，辞也。故虽有珉之雕雕，不若玉之章章。诗曰：言念君子，温其如玉。此之谓也。"从孔子的言论中可以看出，玉的温润、瑕泽和可雕琢，都表现了君子的高尚的品性和自觉的道德修养。儒家的"君子比德说"对于当代的艺术作品的审美情趣具有很重要的指导意义。"比德说"实际上就是注重艺术作品的感染力和熏陶性，使艺术作品能够推动社会风气的好转。借助好的艺术作品含蓄内敛以及托物言志的特点，使人们能够受到启发和引导，自觉的提升道德修养和道德情操，树立正确的价值审美观。比如"唱红歌"就是依托红色歌谣对革命情怀的抒发，使人们受到革命精神的感染，身临其境地领悟革命精神，从而为树立整个社会的良好风气做贡献。而不像某些流行歌曲以及网络歌曲那样，尽管展现的是社会现实，但太过于功利化和庸俗化，有些歌曲其内容甚至有些无病呻吟的畸形扭曲特点。

② "尽善尽美"与"文质彬彬"相结合的审美创造

由于艺术作品与主体的情感是相通的，可以通过对作品的审美情趣的研究，反观主体的道德修养，因此，好的艺术作品就会反映出主体高尚的道德品质。那么如何创作好的文艺作品呢？儒家认为应该坚持"尽善尽美"和"文质彬彬"的统一。

儒家认为好的艺术作品首先要体现"美"，即从感官上给人一种耳目一新的愉悦的感觉。《论语》中记载了孔子与鲁国乐师的谈话，孔子认为一首好的乐曲，从序曲到高潮到结尾，尽管是连续的，但每一部分应该有其独特的特点，这样才会吸引人，否则没有起落，没有特色，那就很难登上大雅之堂。除了感官美，儒家还要求服饰美和装饰美，以期把对美的追求不脱离精神上的享受。与"美"相一致，儒家认为好的艺术作品还体现在"善"，即符合社会的道德规范和人伦纲常。"人而不仁,如礼何?人而不仁,如乐何?"说的是礼乐之中要包含着道德伦理,要符合"仁"的要求,如果艺术作品脱离了"仁",而主张暴力,那就没有任何意义了。尽管曲目《武》,场面恢宏,气势磅礴,但孔子认为《武》讲的是一种暴力美学,不符合"仁"的要求,是不美的。而对于《韶》,孔子则极为欣赏,认为其"温润以和,似南风之至",甚至为它达到了"三月不知肉味"的地步。另外,儒家认为艺术作品还应该讲究"文质彬彬",即文采和道德相一致。所谓"质胜文则野,文胜质则史,文质彬彬,然后君子",即一个人有文采,没有道德,作品就会很虚浮,如果有道德,没有文采,就会很粗野,只有文质结合,才是名副其实的君子。儒家的这种观点主要是认为文学作品,并非都是好的,"巧言令色,鲜矣仁",即人没有品德,即使说得再动听,再夸张,也是不足为贵的。此外,文采也很重要,所谓"托物言志",作品必须正确表达自己的思想,正确反映社会事实,表达正确的价值取向,才会给人以启发,以至影响深远。如果作品无法表达自己的意志,用词造句不规范,就会显得很粗糙,令人鄙夷。

儒家的"尽善尽美"和"文质彬彬"的艺术创作原则,很值得现代人思考。作为与传统文化相对应的流行文化,尽管有些流行文化继承了传统文化的内容,但没有继承和发扬传统文化的基因,更多的是对传统文化的改写和曲解,有些甚至已经背离了传统文化的基本内涵,成为一种庸俗化的世俗产物,如穿越剧,尽管这种剧种是以历史事件背景,以某一历史事件为线索,讲述人物在历史中的作用,但事实上很多的穿越剧却是对历史的篡改和恶搞,将现代社会的功利倾向和人们之间庸俗的感情交织在一起,给社会的影响是非常不利的。

③"中庸"式的审美鉴赏尺度

对于艺术作品,要想正确理解作品的价值,认真领悟作品中所蕴含的作者思想,同时借助于作者在作品中所折射的社会事实、人情世故,联系社会现实,启发民众,就必须以一个合理而恰当的视角,对作品进行审视。因此,儒家的"中庸"原则很值得作为审美的尺度。

首先,儒家认为鉴赏艺术作品,应"乐而不淫,哀而不伤",即"中"。艺术作品是作者情感的表现,这种表现会给人带来精神上的享受,但不能过分,例如"《关雎》乐而不淫,哀而不伤"。《关雎》之所以世代吟唱,就是因为作品不会因为欢乐而感情泛滥,因为哀伤而痛苦不已。从这一角度,也说明人的喜怒哀乐也是有"度"的,只有适度的情感表达和宣泄,才会对个人和社会有益。正如失去亲人,要"丧致乎哀而止",不能沉湎于失去亲人的痛苦之中而不能自拔,这对于身体是有危害的,要恰到好处,表达一种对亲人的哀思就够了。"说之不以道,不说也",即表现心情的快乐是有限的,太过了也不好,所谓"喜极而泣"就是这道理。因此,对于艺术的鉴赏,要讲究适度,表达一种"温柔敦厚"之感就足够了。其次,儒家还主张"志和而音雅"的鉴赏尺度,即"和",个人在创造艺术作品的过程中,要适中的表达自己的情感意志,不能过于泛滥,讲究中和。只有适中的情感表达,才会使作品能够被人接受、欣赏。儒家"中庸"式的艺术鉴赏尺度,对于现阶段的艺术教育和艺术创作而言,具有很强的规范作用,尤其是针对一些商业电影,其内容过于重视利益和人际间的尔虞我诈,名利争斗,使得很多未成年人以及心智不太健全的大学生深受其害。攀比、文凭造假等现象,就是因为无法以正确的视角和态度,去理性认识社会经济竞争所带来的收入差距现象,无法领悟面对压力如何规划人生理想的道理,进而导致了人生观、价值观扭曲,产生的一种极端化的行为结果。

5. 儒家思想在高校思政教学应用过程中需注意的问题

(1) 贴近学生的生活实际

教育的最终目标是指导人们的生活实践,长期以来,我国学生面临着巨大的升学压力,这种压力使得教育很难将注意力转向学生的生活实际中,对学生道德修养的教育同样难以转变为以生活为导向。尽管高等教育摆脱了传统应试教育面临的一些问题,但由于高校学生数量庞大,在授课中仍然很难做到对学生具体生活的关注。这不利于思想政治教育课程的教学目标的实现,也不利于高校学生的成长。

高校思想政治教育应该注重贴近学生的生活实际,对儒家思想的应用也应该重视生活实际。一般认为儒家思想等传统文化义理幽深、晦涩难懂,和现代文化简洁明快、通俗易懂的特点相对立,一般人很难有耐心、有能力去学习、钻研儒家典籍,学习儒家的经典文化。同时,因为思想政治教育本身也是理论性比较强、比较抽象的学科,所以在思想政治教育的课程中实现儒家思想的应用时应该格外注意化繁为简,借鉴《百家讲坛》对于深奥古文的拿捏和阐述,以免学生因为听不懂而失去兴趣。在具体教学活动中,对内容的选取也应该以贴近教学实际为标准,以达到指导学生生活的教学目标。山西省具有悠久的文明历史,是公认的华夏文明发源地之一,有"三千年历史看陕西,五千年历史看山西"的说法。

在对儒家文化的应用中,还应该格外注意对地方文化特色的发掘,例如,绵山文化、晋商文化、关公文化等儒家文化的亚文化现象,对于增加学生听课兴趣和理解教学内容等方面都有显著的作用。对于培养目标和评价导向来说,也应该注意结合生活实际。儒家以圣人、君子为人格理想，以仁、义、礼、智、信等道德典范为标准，但事实上人格培养应该以生活为基础，过于完美的理想人格在实现上有相当的难度，盲目拔高会导致学生积极性容易受挫，而且道德修养不可能是一朝一夕间就能养成的。因此，在儒家思想的应用中应该综合考虑生活的因素。

（2）要以学生自觉的道德实践为基础

儒家文化对于道德的推重，究其本质而言，其实是对道德实践的重视。儒家伦理道德观不仅提供了一系列经典的道德规范和修养方法，而且强调了"知行合一"的道德践履理念。孟子在提倡养心之道的同时又提出"天将降大任于斯人也，必先劳其筋骨，饿其体肤"，一个人如果在道德实践中不能够践行他所奉行的道德规范，那么就算他知道的道德理论再多，对往圣先贤的态度再恭敬，又有什么用呢？孔子说"君子欲讷于言而过其行也"，儒家重视知行合一，对教师要求言传身教，对学生要求言行一致，因为即使是最好的道德理论传授给言行不一的人最后也将会是徒劳无功的。马克思主义原理认为在事物发展过程中，内因始终是决定事物发展的主要原因，外因须要通过内因来起到相应的作用。实践是认识的唯一来源，并且能够通过实践来检验认识。这些理论提示我们，把儒家思想应用在思政教育学科中，应当尤其注意培养高校学生的道德实践能力，自身对于道德规范的自觉履行是内因，儒家道德规范也好，思想政治教育也好，都只能作为外因而存在。高校学生应该在学习生活中意识到，道德实践不仅仅只是在践行某一规范或者内容，而且通过实践能够使自身得到提高。2001年党中央颁布了《公民道德建设实施纲要》，对各级各类学校做出"科学规划不同年龄学生及各学习阶段道德教育的具体内容，坚持贯彻学生日常行为规范，加强校纪校风建设"的部署，对于高校学生以身作则的践行道德规范做出了要求。

在中华文明的数千年历史中，儒家思想为促进中华文化不断发展前进，构建稳定而和谐的政治生活、社会生活做出了巨大的贡献，并且在数千年的中外文化交流史上，儒家思想一直为周边诸国所推崇，并且逐渐以此为基础形成了东方文化。历史和文化不能与现在割裂开来，任何发展都是站在过去的基础上经过辩证的扬弃而得来的。儒家思想作为封建社会的正统思想，必然包含了阶级社会为了维护自身统治而宣扬的封建思想和落后的思想观点，但其思想精髓在漫长的历史进程中，经历了岁月沉淀和检验，最终形成我们中华民族的宝贵精神文化遗产。近些年来，随着社会主义各项事业的大发展，特别是社会主义精神文明建设事业的发展，传统文化得到越来越多的关注和研究，并形成了一股"国学热"。各行各业，尤其是教育界对于儒家思想中的理论与成果开展了广泛而深入的研究。经过对儒家思想的重新审视与深入观察，儒家文化蕴含着的丰富理念对于今天我们的高校思想政治教育学科在课堂内外都有着十分可贵的理论价值与实际意义。深入的发掘儒家思想的精髓，有利于提高高校学生及教师的思想道德水平，同时将儒家思想精髓作为高校思想政治教育的有益补充应用到具体教学活动中，不仅有利于深化教学改革，增强思想政治教育学科建设的创新能力，而且能使传统的儒家思想在新时代获得继承与新的发展。

我国在高校中创建了思想政治教育学科，这对古今中外各国学校的学科建设来说都是一项创举，这是我们党始终保持理论优势、始终代表中国最先进文化的保障，同时也是建设社会主义精神文明，始终保持为人民服务理念的必然要求。在思想政治教育学科建设中，不能仅仅以马克思主义的科学属性为旗帜，同时也应该彰显出符合时代发展的中国特色，这就要求我们在建设思想政治学科的过程中注重对中国传统文化，特别是儒家思想的借鉴与引用，塑造出有中国特色的思政教育理论体系，建立起一支具有深厚儒家文化素养的教师队伍，为社会主义事业建设培养德才兼备的人才。

参考文献

[1] 邵似玉. 新时代高校思想政治教育主要矛盾研究 [D]. 长沙：湖南师范大学，2020.

[2] 周卫英. "微时代"高校思想政治教育研究 [D]. 长沙：湖南师范大学，2020.

[3] 许梦. 高校思想政治教育中的生态文明教育研究 [D]. 扬州：扬州大学，2020.

[4] 蒋菡. 高校思想政治教育对大学生政治认同的影响研究 [D]. 成都：西南交通大学，2020.

[5] 葛瑞. 高校思想政治理论课教师激励机制研究 [D]. 沈阳：辽宁大学，2020.

[6] 姚晨雨. 大学生思想政治理论课获得感研究 [D]. 沈阳：辽宁大学，2020.

[7] 刘巧莲. 新时代高校思想政治教育内容的改革与创新 [J]. 高校学生工作研究，2019，(2)：125-131.

[8] 周妍. 中国传统文化精粹课程调查研究 [D]. 天津：天津师范大学，2020.

[9] 张俊丽. 中国传统节日文化在高中思想政治课的应用研究 [D]. 重庆：西南大学，2020.

[10] 马夏娃. 中国特色社会主义文化自信的生成逻辑 [D]. 昆明：云南财经大学，2020.

[11] 赵栋昌. 中国传统文化融入高校思政教育工作路径分析——以贵州大学为例 [J]. 教育文化论坛，2019，11(06)：94-98.

[12] 唐鹤轩. 文化自信融入高校思想政治教育的路径研究 [J]. 才智，2019，(36)：10-11.

[13] 葛干英. 中国传统文化在高校思政课中的运用研究 [J]. 江苏教育研究，2019，(36)：3-5.

[14] 刘星安，郑宇钧. 高校校史文化思想政治育人功能及实现路径探析 [J]. 理论经

纬，2017：282-293.

[15] 唐洁. 高校辅导员网络思想政治教育能力提升路径研究 [J]. 理论经纬，2017：312-318.

[16] 范小东. 习近平传统文化观研究 [D]. 西安：西安建筑科技大学，2019.

[17] 胡晶. 中国传统茶文化对当代高校思政教育的启示 [J]. 福建茶叶，2018，40(12)：208.

[18] 赵志富. 高校思政教育中传统文化作用研究——以茶文化的辅助作用为例 [J]. 福建茶叶，2018，40(12)：284.

[19] 刘基河，程玉霞. 中国传统文化在高校思政教育中的融入 [J]. 文化创新比较研究，2018，2(36)：29-30.

[20] 王天佑. 高校思政教育中渗透传统文化的实践探究 [J]. 智库时代，2018，(49)：12;15.

[21] 邓明丽. 基于多元文化的高校思政教学改革路径探究 [J]. 明日风尚，2018，(23)：256.

[22] 李安增，王梅琳. 马克思主义与中国传统文化的契合性研究 [J]. 中共历史与理论研究，2017，(2)：116-133;266-267.

[23] 王伟，刘若轩. 儒家文化融入高校辅导员思政教育方法与路径研究 [J]. 东西南北，2018，(15)：114;113.

[24] 陈敏. 论中国传统文化与社会主义核心价值观的内在契合 [J]. 黄海学术论坛，2017，(2)：49-62.

[25] 张春宇，李红权. 儒家思想为高校宣传工作注入活力 [J]. 人民论坛，2018，(16)：214-215.

[26] 孙晓霞. 浅析高校思想政治理论课教学改革 [J]. 当代中国马克思主义评论，2017，(02)：173-178.

[27] 侯平安. 优秀传统文化与高校思想政治教育 [J]. 运城学院学报，2017，35(06)：69-73.

[28] 李刚. 儒家文化融入高校思想政治理论课教学研究 [D]. 南昌：江西财经大学，2016.

[29] 王思远. 先秦儒家伦理道德观在高校思想政治教育中的应用 [D]. 哈尔滨：东北农业大学，2013.

[30] 胡文慧. 儒家教育思想中的主体间性思想研究 [D]. 天津：河北工业大学，2011.